MW01707309

LAROUSSE junior de la Mythologie

LAROUSSE

21, rue du Montparnasse 75283 Paris cedex 06

Directrice de la publication :
Isabelle Jeuge-Maynart

Direction éditoriale :
Françoise Vibert-Guigue

Responsable éditoriale :
Brigitte Bouhet

Rédaction :
Edith Flamarion,
Antoinette Gimaret,
Michèle Lancina,
Céline Masbou,
Claudine Nédelec,
Nancy Oddo

Lecture-correction :
Jacqueline Peragallo

Directeur artistique :
Frank Sérac

Couverture et mise en page :
Laurent Carré

Illustrateurs :
Anne Wilsdorf,
Manu Boisteau,
Jean-François Martin,
Émile Bravo

Recherche iconographique :
Brigitte Bouhet,
Valérie Delchambre

Fabrication :
Nicolas Perrier

ISBN 978 2 03 586 193-1

© Larousse 2002
pour la première édition

© Larousse 2011
pour la présente édition

21, rue du Montparnasse
75006 Paris

Toute reproduction ou représentation intégrale ou partielle, par quelque procédé que ce soit, du texte contenu dans le présent ouvrage, et qui est la propriété de l'éditeur, est strictement interdite.

LES DIEUX DE L'OLYMPE

DOSSIER N° 1 :

SOMMAIRE

DEMI-DIEUX ET HÉROS

DOSSIER N° 2 :

LA GUERRE DE TROIE

DOSSIER N° 3 :

LES MYTHES CÉLÈBRES

DOSSIER N° 4 :

DOSSIER N° 5 :

LES DIEUX DE L'OLYMPE

1 LA NAISSANCE

Pour les Grecs, aux origines du monde il y a Chaos, le vide, Gaia, la Terre, et Éros, l'Amour. Puis sont apparus des Géants et de nombreux monstres. Les dieux ont dû leur faire la guerre pour établir l'ordre dans l'Univers.

Au tout début, lorsque le monde n'existait pas encore, il n'y avait que le vide, le vide béant, l'abîme que les Grecs appellent Chaos. De Chaos est née la Terre, Gaia, la terre mère d'où sont sortis la mer et le ciel, les forêts et les montagnes. Vient ensuite Éros, l'Amour, mais l'Amour primordial, différent de l'amour entre les sexes puisqu'ils n'existent pas encore. Puis Gaia donne naissance à Ouranos, le Ciel étoilé et à Pontos, la Mer et les eaux. Alors Ouranos, le Ciel, recouvre entièrement Gaia, la Terre, et s'unit sans cesse à elle. Cette union produit de nombreux enfants. Mais, comme Ouranos est en permanence couché sur Gaia, collé à elle, ces enfants ne peuvent pas sortir du ventre de Gaia.

Éros, dieu de l'Amour. Fresque romaine, (Ier s. apr. J.-C.)

Les Titans et les monstres

Les premiers enfants de Gaia et d'Ouranos sont les six Titans et leurs sœurs, les six Titanides. Les suivants sont de terribles monstres, les trois Cyclopes qui n'ont qu'un œil,

DU MONDE

Cette peinture de Pier Paul Rubens (XVIIe s.)représente le dieu du Temps, Cronos (Saturne pour les Romains), dévorant l'un de ses enfants.

mais un œil terrible, foudroyant, et les trois Géants que l'on appelle les Hécatonchires, les Cent-Bras. Ces monstres ont cinquante têtes et cent bras d'une force exceptionnelle.
Tous ces enfants étouffent Gaia. Elle leur demande de l'aide ; elle les incite à la révolte contre leur père. Mais ce père qui les écrase est terrifiant. Il semble invincible. Seul le plus jeune des Titans, Cronos, a le courage d'aider Gaia et d'affronter Ouranos.

Ouranos et Cronos

Dans son ventre, Gaia fabrique une faucille avec laquelle Cronos coupe le sexe de son père.

Ouranos se détache alors de Gaia et s'en éloigne à jamais. La Terre et le Ciel sont enfin séparés, chacun à sa place. De la blessure d'Ouranos naissent les trois Érinyes, les divinités de la vengeance et du châtiment, les Géants qui personnifient la guerre et la violence, et les Méliades, des nymphes guerrières qui habitent les arbres dont on fait les lances.

Le règne de Cronos

Cronos le rusé devient le premier roi du Monde, entouré de ses frères et sœurs, les Titans. Il épouse sa sœur Rhéa et rejette dans les profondeurs des Enfers les trois Cyclopes et les trois Cent-Bras.
Mais Gaia a prévenu son fils qu'un de ses enfants le détrônerait. Ainsi, chaque fois que Rhéa a un nouvel enfant, Cronos l'avale.
Il dévore ainsi Hadès et Poséidon, Héra, Déméter et Hestia.
Jusqu'au jour où Rhéa trouve une ruse pour protéger son petit dernier, Zeus. Elle le cache et présente à sa place une pierre emmaillotée que Cronos avale sans se méfier. Zeus grandit et, à son tour, veut se venger de son père. Il réussit à faire vomir Cronos... et tous ses frères et sœurs réapparaissent l'un après l'autre. Ce sont les dieux de l'Olympe.

Rhéa donnant à Cronos une pierre enveloppée de langes à la place du petit Zeus. Sculpture romaine du IIe s. apr. J.-C.

Jupiter foudroyant les Titans. Peinture de Charles Lamy (XVIIIe s.).

et à le paralyser en lui coupant les nerfs des bras et des jambes. Typhon enferme Zeus dans une caverne et s'endort. Le rusé Hermès vient au secours de Zeus, il réussit à récupérer ses nerfs et à les remettre en place. Zeus reprend sa foudre et foudroie Typhon. Il l'enferme dans les profondeurs de la Terre. Certains disent que c'est Typhon qui crache sa colère lorsque l'Etna entre en éruption. De la dépouille de Typhon surgissent aussi des vents terribles et destructeurs.

La guerre des dieux

Commence alors la guerre des dieux. D'un côté il y a Cronos et les autres Titans, de l'autre Zeus et ses frères et sœurs. Ils se battent longtemps, jusqu'à ce que Gaia conseille à Zeus de délivrer les Cyclopes et les Cent-Bras pour qu'ils puissent l'aider. Les Cyclopes apportent à Zeus une arme invincible : la foudre. Et les Cent-Bras, la force terrible de leurs bras. Les Titans sont vaincus et sont rejetés dans le monde souterrain dont ils ne pourront plus sortir.

Typhon le terrible

Au moment même où Zeus semble avoir définitivement gagné, Gaia, fatiguée des dieux de l'Olympe, donne naissance à Typhon, un colosse monstrueux aux cent têtes de serpents. La bataille entre Typhon et Zeus va être terrible. Typhon est si grand qu'il réussit à encercler Zeus

Zeus et les Géants

La victoire de Zeus ne règle pas tout. Les dieux doivent encore affronter les Géants. Les Géants sont de jeunes guerriers sortis tout armés de la Terre. À peine nés ils se battent les uns contre les autres puis se réconcilient pour affronter les dieux de l'Olympe. Les Géants sont invincibles, sauf si un dieu et un mortel s'unissent contre eux. Grâce à Héraclès, qui les transperce de ses flèches empoisonnées, Zeus remporte la victoire sur les Géants.

Du haut de l'Olympe

Après ces victoires sur les forces brutales du Mal, Zeus règne sur l'Univers, sur les dieux et les hommes. Il s'installe dans les hauteurs du ciel, sur le mont Olympe, avec ses frères, ses sœurs et ses enfants. Il répartit entre eux pouvoirs et privilèges.
L'Olympe est un monde lumineux, harmonieux d'où Zeus a chassé toutes les puissances mauvaises, soit vers le monde souterrain, le Tartare, soit vers la Terre, chez les humains.

Les hommes

Zeus a fait appel au Géant Prométhée pour définir la place des hommes, pour trier ce qui revient aux dieux et ce qui revient aux hommes. Prométhée est le fils du Titan Japet, le frère de Cronos. Prométhée n'est pas un Titan mais c'est un Géant comme ses frères Épiméthée et Atlas.
Prométhée est indiscipliné, toujours prêt à se rebeller contre Zeus. Et il est aussi rusé que lui.
Prométhée est considéré comme le créateur et le bienfaiteur des hommes. Il les a façonnés dans de la terre glaise, à l'image des dieux et il leur a donné le feu, dérobé aux dieux.
Car quand son frère Épiméthée avait créé les animaux, il les avait dotés de tant de qualités qu'il n'en restait plus beaucoup pour les humains !

Hélios, dieu du Soleil, et son char. Plat (IVe s. av. J.-C.).

Hélios

Plus encore qu'Apollon, Hélios personnifiait le Soleil. C'était un jeune homme d'une très grande beauté, dont la tête était auréolée de rayons d'or. Chaque matin, précédé de l'Aurore, il accomplissait une course dans le ciel sur un char de feu tiré par quatre chevaux très rapides. Il partait de l'est de l'univers pour atteindre l'Océan, à l'ouest de la Terre. Puis, la nuit, Hélios retournait à l'est en parcourant l'Océan dans une vaste barque.

Éos, l'Aurore

Fille des Titans Hypérion et Théia, Éos était la sœur de Séléné et d'Hélios. Elle personnifiait l'aurore : son apparition dans la voûte céleste marquait la naissance du jour. La couleur rosée de la lumière matinale faisait dire que la robe d'Éos était de teinte safran, et ses doigts "couleur de rose". Elle ouvrait les portes du ciel au char d'Hélios, le Soleil.

Le Jour et la Nuit

L'ensemble des phénomènes naturels sont nés juste après le Chaos et sont considérés comme à l'origine de tout ce qui a existé ensuite.

Éos sur son char. Vase (Ve s. av. J.-C.)

Nyx, la Nuit

C'est la Nuit aux ailes noires. Sortie du Chaos, elle est l'une des divinités les plus anciennes. Elle engendra Héméra (le Jour) et Æther (l'Air), mais elle est aussi la mère de nombreuses puissances funestes : Thanatos (la Mort), Hypnos (le Sommeil), Éris (la Discorde), Némésis (la Vengeance), les Moires, qui règlent la destinée des hommes.

La chute de Phaéton. Peinture de P. P. Rubens (XVIIe s.).

La chute de Phaéton

Fils d'Hélios, Phaéton supplia son père de lui laisser conduire son char dans le ciel. Hélios finit par accepter. Phaéton s'élança dans le ciel, mais, pris de vertige, il fit descendre son char beaucoup trop bas, mettant le feu à la Terre. Il remonta alors vers le ciel, mais les Astres, craignant d'être heurtés par le char, se plaignirent à Zeus. Pour éviter une catastrophe, celui-ci foudroya Phaéton et le précipita dans un fleuve, l'Éridan. Ses sœurs, les Héliades, accoururent près du fleuve et le pleurèrent si fort et si longtemps qu'elles furent changées en peupliers.

Hypnos et Morphée

Hypnos personnifiait le sommeil. À la tombée de la nuit, il quittait sa caverne brumeuse pour parcourir la terre et endormir tous les êtres dont le sommeil était visité par le dieu des Rêves, son fils Morphée.

Hécate

Hécate était liée à un monde nocturne. Déesse de la Lune, on lui attribuait l'invention de la magie et de la sorcellerie. On la représentait sous la forme d'une femme à trois têtes ou à trois corps, escortée par une meute hurlante.

Séléné et Endymion. Peinture de N. Poussin (XVIIe s.).

Séléné

Séléné personnifiait la Lune. Elle parcourait le ciel sur un char d'argent tiré par deux chevaux. Son pâle éclat lui attira beaucoup d'amants. Elle aima surtout un jeune berger d'une beauté extraordinaire, Endymion. Zeus, selon la prière de Séléné, exauça le vœu d'Endymion de dormir d'un sommeil éternel, ce qui lui permit de toujours rester jeune et beau.

Hypnos. Sculpture en bronze (IVe s.).

Être dans les bras de Morphée signifie dormir.

La mer et les eaux

Les Néréides. Mosaïque romaine.

Chaque mer, chaque fleuve, rivière ou source, était incarné par une divinité qui pouvait se métamorphoser à volonté.

Néréides

Divinités marines bienfaisantes et très belles, elles calmaient la mer pour permettre la navigation. Leur père était le dieu marin Nérée, et leur grand-père Océan. Elles vivaient dans les fonds marins, tissant, chantant, et jouant dans les vagues. Certaines furent célèbres, comme Amphitrite, l'épouse de Poséidon et Thétis, la mère d'Achille. Elle brûla tous ses enfants en voulant les rendre immortels. Elle réussit presque avec Achille qu'elle plongea finalement dans le Styx, un fleuve des Enfers.

On appelle protée quelqu'un **qui change beaucoup**, qui prend toutes sortes d'apparences, qui est protéiforme.

Protée

Ce dieu marin, fils de Poséidon et de Téthys, gardait les troupeaux de phoques de son père dans la mer Méditerranée. C'était un grand devin, mais, pour décourager ceux qui voulaient l'interroger, il se transformait en toutes sortes d'apparitions monstrueuses et n'acceptait de livrer ses prédictions qu'à ceux qui n'avaient pas été effrayés.

Naïades

Toutes les sources célèbres possédaient leur naïade. En s'y baignant, l'on pouvait guérir des maladies ou périr noyé si par malheur la naïade se sentait offensée. Ces nymphes étaient toujours belles et séduisantes.

Les Naïades. Peinture de J. W. Waterhouse (XIXe s.).

Sirènes

Filles de la Mer, les sirènes à tête de femme et au corps d'oiseau vivaient, selon la légende, dans une île de la Méditerranée. Elles séduisaient les marins par la douceur de leur voix comme par la beauté de leur corps et provoquaient leur naufrage. Grâce à Orphée, dont le chant couvrit celui des Sirènes, les Argonautes réussirent à leur échapper. Ulysse sut également déjouer leur piège. Il boucha les oreilles de ses compagnons avec de la cire et se fit attacher solidement au mât de son navire. Il est le seul à avoir entendu le chant merveilleux des Sirènes.

Triton

Dieu marin à figure humaine et à queue de poisson, Triton était le fils de Poséidon et de la Néréide Amphitrite. Comme il soufflait dans un coquillage en forme de corne, il symbolisait le mugissement de la mer.

Les Sirènes avaient une tête de femme et un corps d'oiseau. Détail d'un vase grec.

Triton. Fontaine du Vatican à Rome (XVIe).

Alphée pourchassant Aréthuse. Peinture de R. A. Houasse (XVIIe s.).

Alphée et Aréthuse

Un jour de grande chaleur, une jeune nymphe amie d'Artémis et nommée Aréthuse, se baignait dans les eaux d'un fleuve du Péloponnèse. Séduite par la clarté de l'eau et par ses rivages verdoyants, elle s'attardait à y nager. Mais une voix étrange et rauque se fit entendre : c'était celle du dieu du fleuve, Alphée, qui déclarait son amour à la nymphe. Effrayée, elle se précipita hors de l'eau. Mais Alphée, transformé en homme, la pourchassa à travers les plaines, les collines, les forêts. Quand, épuisée, elle vit qu'Alphée allait la rattraper, elle invoqua Artémis. Émue, la déesse la changea en fontaine. Alphée tenta de mêler, par amour, ses eaux aux siennes. Mais Artémis ouvrit la terre et Aréthuse s'y enfonça pour reparaître sous forme d'une source sur l'île sacrée de la déesse : Délos.

Océan

Le père des fleuves était lui-même un fleuve immense. Circulaire, il entourait la Terre de neuf cercles, au nord et au sud comme à l'est et à l'ouest, car les Anciens se représentaient la Terre comme un disque plat. Océan était l'aîné des Titans, les fils d'Ouranos et de Gaia. Il eut avec son épouse Téthys des milliers d'enfants : ses fils étaient les fleuves. Ses innombrables filles, les nymphes nommées Océanides, étaient les rivières, les sources ; certaines habitaient au fond de la mer.

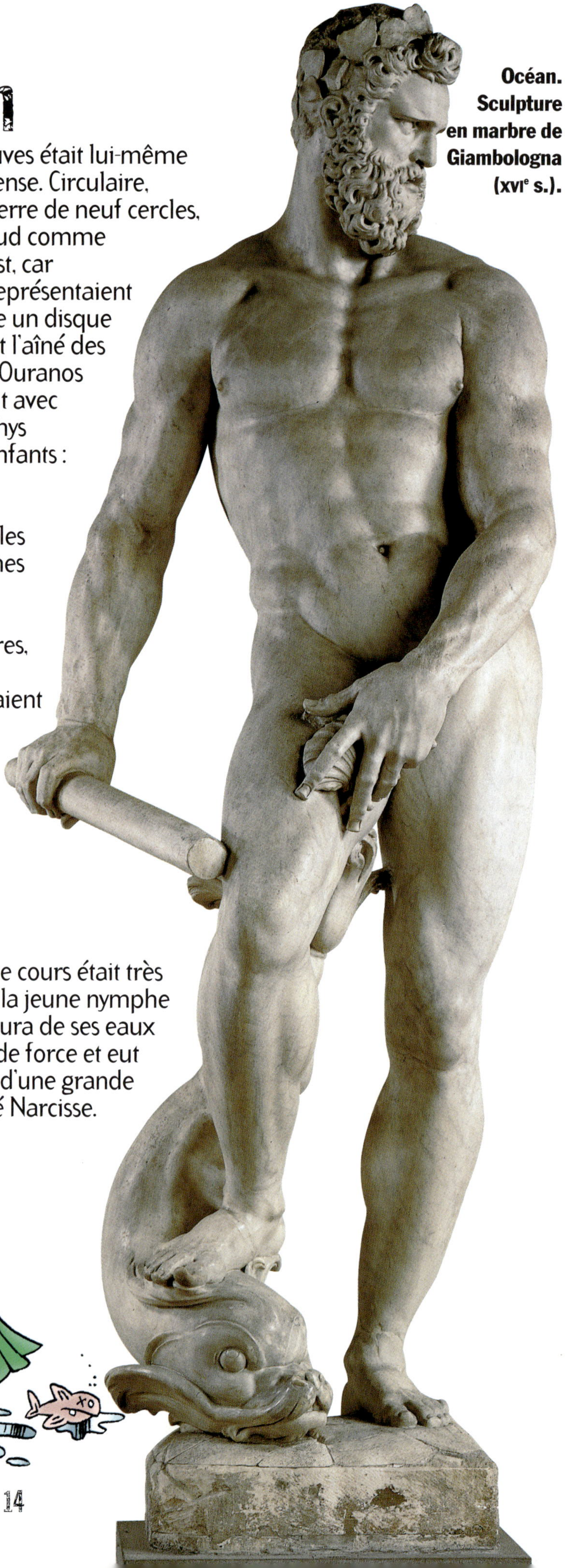

Océan. Sculpture en marbre de Giambologna (XVIe s.).

Céphise

Ce fleuve, dont le cours était très sinueux, aimait la jeune nymphe Liriopé. Il l'entoura de ses eaux pour la retenir de force et eut avec elle un fils d'une grande beauté, nommé Narcisse.

Achéloos

Le plus grand des fils d'Océan coulait au nord de Delphes. Amoureux de Déjanire, comme Héraclès, il voulut épouser la jeune fille. Les deux rivaux s'affrontèrent dans une lutte farouche au corps à corps où Achéloos faillit être étouffé. Il se changea en serpent monstrueux ; mais comme Héraclès allait l'étrangler, il devint aussitôt un taureau furieux. Le héros lui arracha alors une corne. Humilié, Achéloos courut cacher sa honte dans l'eau de son fleuve ; il dissimula cette perte sous des feuilles de saule et une couronne de roseaux. La corne, remplie de fleurs et de fruits par les nymphes, devint la Corne d'abondance.

Héraclès combattant le fleuve Achéloos. Vase grec.

Éridan

C'est le nom ancien du Pô qui coule dans le nord de l'Italie. Ce fut dans l'Éridan que tomba le fils du Soleil, Phaéton, foudroyé par Zeus pour arrêter la course folle de son char qui mettait le feu à la terre. Sur les rives de l'Éridan, les sœurs de Phaéton, les Héliades, pleurèrent si fort leur frère qu'elles furent transformées en peupliers et que leurs larmes devinrent des gouttes d'ambre.

Pactole

À l'origine, Pactole était l'un des fils de Zeus. Amoureux d'une jeune fille dont il ignorait qu'elle était en réalité sa sœur, il se jeta dans un fleuve lorsqu'il s'en aperçut. Ce fleuve, en Asie Mineure, s'appela désormais Pactole. Par la suite, le roi Midas se lava dans ses eaux et le fleuve se chargea de paillettes d'or.

Midas à la source du Pactole. Peinture de N. Poussin (XVIIe s.).

LES MONTAGNES et les forêts

Cybèle tenant un petit lion sur ses genoux (IVe s. av. J.-C.).

Une multitude de divinités peuplaient la Terre et jouaient un rôle important aux côtés des dieux.

Diane et ses nymphes, surprises par des satyres. Peinture de Rubens (XVIIe s.).

Cybèle

Cette grande déesse orientale de la Nature était également appelée la Mère des dieux. Elle symbolisait la nature et la fécondité et vivait dans des lieux reculés, montagnes et forêts, au milieu des bêtes sauvages. Elle portait autour du cou la clef qui ouvrait la porte de la Terre où étaient enfermées les plantes qui poussent à chaque printemps. Son char était tiré par des lions.

Les nymphes

Les nymphes peuplaient la nature : la campagne, les bois, les grottes, les eaux. Selon l'endroit où elle vivaient, elles portaient des noms différents : les nymphes des frênes, les naïades, les néréides, etc. Ces gracieuses divinités étaient les filles de Zeus. Servantes des déesses, compagnes des faunes, elles connurent l'amour des dieux et des hommes.

Calypso

L'Odyssée raconte comment la nymphe Calypso a aimé Ulysse et l'a retenu pendant huit ans dans sa grotte sur l'île d'Ogygie, à l'ouest de la Méditerranée. À la demande d'Hermès, elle consentit avec regret à laisser Ulysse repartir pour Ithaque. Généreuse, elle l'aida à construire un radeau pour qu'il puisse reprendre son voyage.

Les Satyres

Démons de la nature à l'allure sauvage, les satyres accompagnaient Dionysos. Ils portaient deux cornes au front, de longues oreilles pointues, des sabots de bouc et une large et longue queue. Ils vivaient dans la campagne, où ils dansaient, jouaient de la flûte et du tambourin, buvaient du vin. Menant une vie de débauche, ils consacraient une grande partie de leur temps à poursuivre les nymphes et les ménades. Les Romains les appelaient les faunes.

Silène

Vieillard laid et ventripotent, Silène éleva Dionysos. Ce Satyre passait pour être un sage et un philosophe, mais il ne voulait pas se servir de ses talents. Il préférait suivre en chantant le cortège de Dionysos, monté sur un âne, toujours ivre et joyeux.

Aphrodite, Éros et Pan. Sculpture en marbre (Ier s. av. J.-C.).

Pan

Pan était le fils d'Hermès. Mi-homme mi-bouc, il avait des oreilles en pointe, deux cornes, et ses jambes velues se terminaient par des sabots fendus. Dieu des Bergers et des Troupeaux, Pan vivait dans les forêts d'Arcadie et pouvait susciter des peurs "paniques" à ceux qui le croisaient. Très rapide, il excellait à la course et grimpait avec agilité dans les rochers. Il aima plusieurs nymphes, dont Syrinx, mais celle-ci se transforma en une touffe de roseaux pour lui échapper. Le vent soufflant dans ces roseaux, Pan crut entendre la voix de la nymphe et il eut l'idée d'assembler des tiges de roseaux de différentes longueurs : il inventa ainsi... la flûte de Pan.

Les etoiles

Le Taureau désignait l'animal en qui Zeus s'était métamorphosé pour enlever la belle Europe.

Le Cancer désignait l'énorme écrevisse envoyée par Héra pour attaquer Héraclès.

Les Poissons rappellent ceux qui transportèrent un jour Aphrodite et Éros, chassés par Triton.

Innombrables sont les étoiles ; innombrables sont les métamorphoses d'être humains, d'animaux et d'objets en étoiles.

Le Lion était celui de la vallée de Némée, qu'Héraclès étouffa pour accomplir le premier de ses travaux.

Le Scorpion était celui qu'envoya Artémis pour piquer le chasseur Orion qui l'avait insultée.

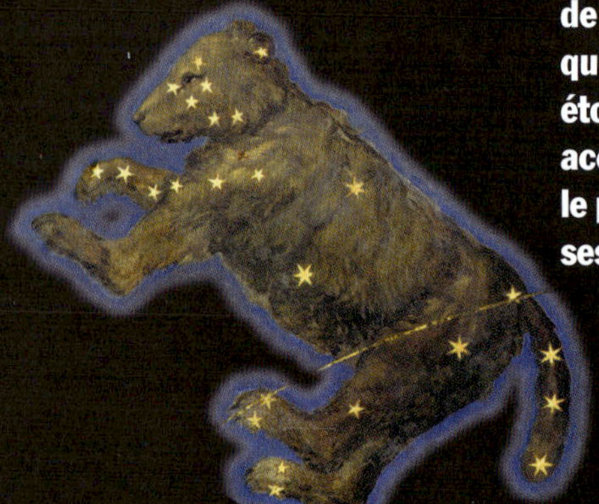

La Grande Ourse et la Petite Ourse. Fresque de Varèse (XVIᵉ s.).

Les deux Ourses

La nymphe Callisto, compagne d'Artémis, était vouée à la virginité. Mais Zeus la vit et pour la séduire, il prit l'apparence d'Artémis elle-même. Quelque temps après, Artémis et ses nymphes allèrent se baigner : Callisto dut se dévêtir et Artémis s'aperçut qu'elle était enceinte. Furieuse, la déesse la transforma en ourse puis la tua d'une flèche. Zeus la transforma aussitôt en astre : elle devint la constellation de la Grande Ourse. Le fils de Callisto et de Zeus fut également changé en astre par son père : il devint la Petite Ourse.

Le Bélier était celui qui portait la Toison d'or, conquise par Jason.

Le zodiaque

La zone dans laquelle se déplaçait chaque jour le Soleil dans la voûte céleste était appelée le "Zodiaque". Elle était divisée en douze parties, les douze "maisons du Soleil", et chacune renvoyait à une légende.

La Balance était un des attributs de Thémis, la déesse de la Justice.

Le Capricorne désignait la chèvre Amalthée qui nourrit le petit Zeus.

La Vierge était Astrée, la fille de Zeus et de Thémis qui vivait parmi les hommes pendant l'Âge d'or, mais revint sur l'Olympe quand leurs défauts se mirent à apparaître.

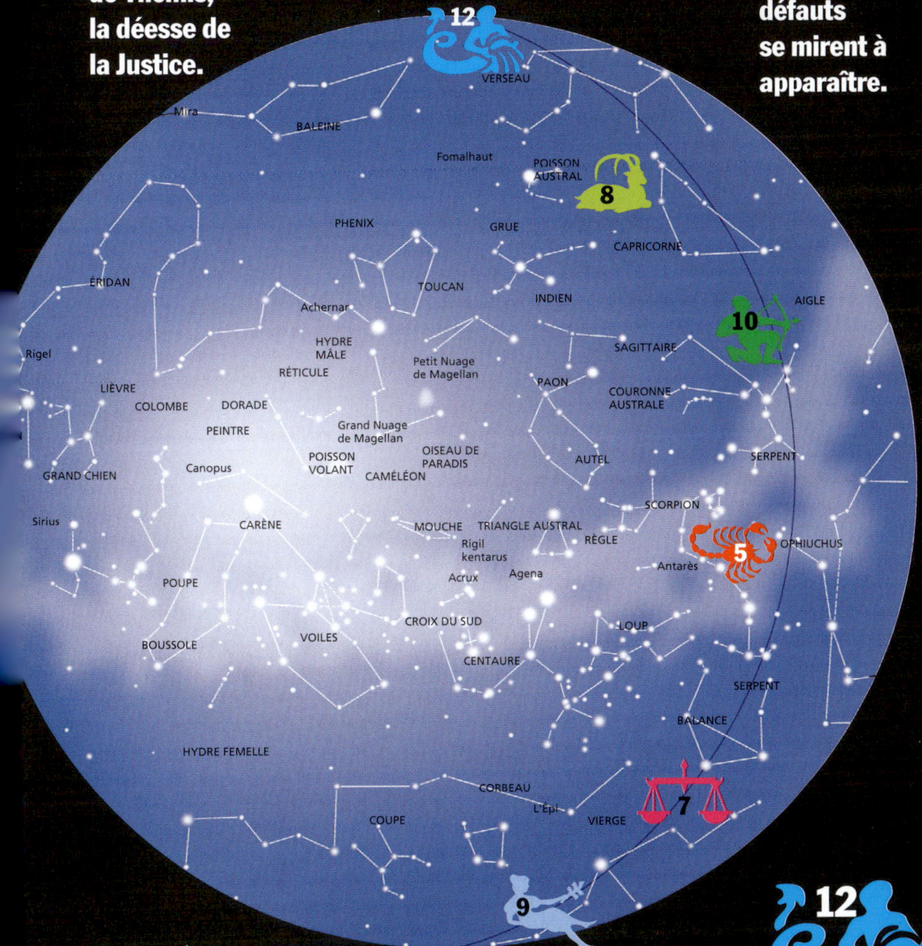

Le Sagittaire représente le centaure Chiron, sage créature mi-homme mi-cheval, qui éleva Achille.

Les Gémeaux étaient Castor et Pollux, les célèbres jumeaux, qui souhaitèrent n'être jamais séparés et que Zeus transforma en astres.

Le Verseau représentait Ganymède, le jeune Troyen enlevé par Zeus, qui, sur l'Olympe, versait le nectar aux dieux.

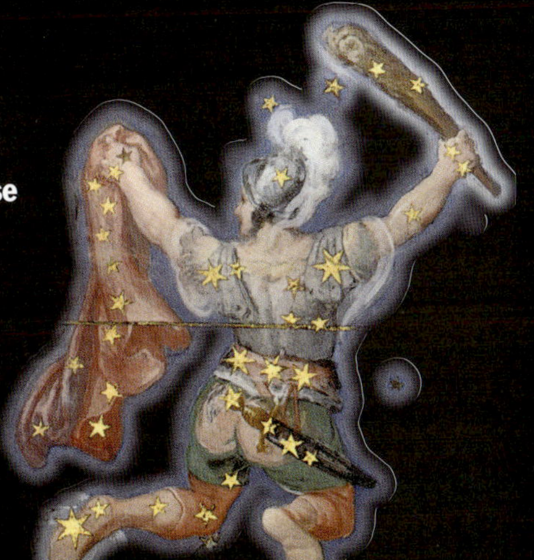

Orion. Fresque de Varese (XVIe s.)

Orion

Ce Géant, fils de Poséidon, avait la passion de la chasse. Sa première femme, Sidé, fut précipitée par Héra dans le gouffre du Tartare pour avoir comparé sa beauté à celle de la déesse. Orion s'éprit ensuite de Méropé, une des futures Pléiades. Mais le père de la jeune fille, opposé à cette union, aveugla le Géant. Orion fut guéri en regardant en face Hélios, au moment où le dieu Soleil se levait dans le ciel. Dans l'île de Délos, le beau jeune homme chassait souvent en compagnie d'Artémis et finit par en tomber amoureux. Comme il avait osé la toucher, la déesse fut prise d'une violente colère. Elle envoya un scorpion piquer mortellement le jeune homme. Tous deux, scorpion et chasseur, furent plus tard changés en constellations.

Les Pléiades

Les Pléiades étaient sept sœurs. Compagnes d'Artémis, elles devaient rester chastes, mais le chasseur Orion les poursuivit sans relâche pendant cinq ans. Zeus eut pitié d'elles et les transforma en colombes ; puis en sept étoiles formant la constellation des Pléiades.

La Voie lactée

Zeus souhaitait que son fils, Héraclès né d'une mortelle, Alcmène, devienne immortel. Mais pour cela, il fallait qu'Héraclès boive le lait d'Héra. Bien entendu la femme de Zeus s'y refusa !
Que faire ? On s'en remit à Hermès. Ce dieu rusé posa délicatement le bébé sur la poitrine de la déesse endormie. Lorsqu'elle se réveilla, elle le repoussa violemment. Le lait qui s'échappa alors de son sein inonda le ciel : c'est la Voie lactée.

La Voie lactée. Peinture de P. P. Rubens (XVIIe s.).

Cinq planètes

Les premiers astronomes ne connaissaient que les cinq planètes visibles à l'œil nu. Ils leur donnèrent les noms latins des dieux grecs. Ainsi Mars, dont la couleur rouge évoquait le sang, fut appelée comme le dieu de la guerre. Jupiter reçut le nom du roi des dieux car c'était la planète la plus brillante dans le ciel. Le nom de Vénus, déesse de l'amour, convenait à cette planète qui apparaît tantôt dans la fraîcheur du matin, tantôt dans celle du crépuscule. Mercure est la plus rapide des planètes puisqu'elle est la première à revenir à son point de départ (en 90 jours), c'est pourquoi on l'associa au dieu aux pieds ailés, messager de l'Olympe.
En revanche, la plus lente, celle qui accomplit le tour le plus long (29 ans) reçut le nom du dieu du temps : Saturne (Cronos en grec).

Les vents

Tous les vents étaient soumis à Éole qui les gardait prisonniers dans les îles éoliennes.

Borée, le vent du Nord. Peinture de G. Pellegrini (XVIIIe s.).

Éole

Dans son palais le dieu Éole, maître de tous les Vents, accueillit Ulysse qui lui fit le récit de la guerre de Troie. Au moment du départ, Éole lui offrit un sac renfermant tous les vents pour l'aider à rentrer chez lui. Alors qu'Ulysse avait ainsi navigué neuf jours vers Ithaque, il s'endormit. Ses compagnons ouvrirent le sac, croyant y trouver des trésors. Tous les vents s'échappèrent de leur prison et provoquèrent une énorme tempête qui ramena le navire à son point de départ.

Éole donnant les vents à Ulysse. Peinture d'A. Allori (XVIe s.).

Borée

Dieu du Vent du nord, c'était le plus puissant et le plus violent de tous les vents. On lui donnait les trait d'un démon ailé, très fort, aux cheveux et à la barbe couverts de neige. Il appartenait à la race des Titans et était le frère de Zéphyr et de Notos.

Zéphyr et Chloris. Détail de La Naissance de Vénus, Botticelli (XVe s.).

Zéphyr

Fils d'Éos, l'Aurore, Zéphyr appartenait à la race des Titans qui représentaient les forces de la nature. Il était le dieu du vent d'Ouest, celui qui apporte une fraîcheur bienfaisante. Il est souvent figuré comme un jeune homme ailé qui annonce le printemps et une nouvelle végétation. Zéphyr tomba amoureux de la nymphe Chloris qu'il enleva pour l'épouser. Il fit d'elle la déesse des fleurs et lui donna un fils, Carpos, le Fruit. On raconte aussi que de son union avec une Harpie étaient nés les deux chevaux divins d'Achille… rapides comme le vent.

Prométhée

Une légende affirme que les tout premiers hommes furent créés sur l'ordre de Zeus par le Géant Prométhée.

Face à Zeus

Épiméthée aurait créé les animaux et les aurait dotés de tant de qualités qu'il n'en restait plus beaucoup pour les hommes lorsque son frère, Prométhée, les créa avec de la terre glaise. En compensation, Prométhée leur offrit le feu, qu'il avait dérobé aux dieux, parce qu'il en voulait à Zeus d'avoir vaincu les Titans, la race de son père. Toujours par défi envers Zeus, il tua un bœuf, dont une part était réservée aux dieux, l'autre aux hommes. D'un côté, il cacha la viande sous la peau et, de l'autre, il mit les os recouverts de bonne graisse blanche afin d'allécher Zeus, qui fit en effet le mauvais choix. Il punit Prométhée en retirant le feu aux hommes mais le Géant déroba une flamme dans la forge d'Héphaïstos. Zeus imagina un châtiment plus terrible...

La boîte de Pandore

... Zeus créa alors la première femme, la baptisa Pandore, puis il lui remit une boîte et l'envoya sur Terre. Épiméthée s'éprit de Pandore et l'épousa. Mais la grande beauté dont Zeus avait doté Pandore était un piège, car il l'avait aussi faite fourbe, sotte et menteuse. Curieuse de voir ce que contenait la boîte, elle l'ouvrit en cachette. Tous les malheurs que Zeus y avait cachés s'en échappèrent : la maladie, la vieillesse, la jalousie..., et se déversèrent sur la Terre. Seule l'espérance, qui trompe souvent les hommes, resta dans la boîte.

Pandore ouvrant la boîte contenant tous les malheurs. Peinture de D. G. Rossetti (XIXe s.).

Un supplice éternel

Zeus châtia très cruellement Prométhée. Il l'attacha nu sur le mont Caucase et, chaque jour, un aigle vorace lui dévorait le foie qui se reconstituait chaque nuit. Son supplice était ainsi sans fin. Prométhée fut délivré de ses atroces souffrances par Héraclès, qui tua l'aigle d'une flèche. Cependant, pour que Prométhée n'oublie jamais sa condamnation, Zeus l'obligea à porter une bague fabriquée avec un morceau de ses anciennes chaînes surmonté d'une pierre de la montagne.

Le supplice de Prométhée. Vase étrusque.

L'immortalité

Le Centaure Chiron, accidentellement blessé par Héraclès, souffrait sans répit et appelait la mort. Mais son vœu n'était réalisable qu'à la condition qu'il trouve un homme qui veuille bien devenir immortel à sa place. Prométhée accepta. Zeus l'y autorisa car, malgré leurs querelles, il reconnaissait ses grandes qualités de devin : Prométhée avait en effet prévenu Zeus que, s'il épousait Thétis, il naîtrait de cette union un enfant qui détrônerait son père.

Némésis, la déesse de la Vengeance divine.

Némésis

Fille de la Nuit, la déesse Némésis était chargée de la vengeance divine. Elle châtiait le crime, mais surtout le péché d'orgueil. Elle condamnait tous les excès qui pouvaient menacer l'équilibre du monde et déranger l'ordre voulu par les dieux. Elle veillait à ce que les orgueilleux mortels ne tentent pas d'égaler les dieux. Elle n'épargnait personne, ni les riches ni les puissants.

Hybris

Cette déesse est la personnification de l'orgueil démesuré, de la "démesure", qui conduisait les hommes à se croire plus puissants et plus grands qu'ils ne l'étaient en réalité, parfois même supérieurs aux dieux. Le châtiment divin était alors redoutable : ce fut le cas pour Prométhée.

Les cinq âges de l'homme

Selon le poète grec Hésiode, ce sont les dieux qui ont créé les hommes : cinq races différentes se succédèrent.

1 La race d'Or

L'homme est apparu avec la première génération des dieux, dominée par Cronos. La race d'Or symbolise l'idéal du bonheur : les hommes festoyaient avec les dieux, ils vivaient vieux, en paix et sans douleur. Ils trouvaient leur nourriture dans la nature, riaient, dansaient, restaient jeunes. À leur mort, ils devenaient de bons Génies, "gardiens des mortels".

2 La race d'Argent

La race d'Argent était bien inférieure car les hommes étaient orgueilleux et querelleurs. Ils refusaient de rendre honneur aux dieux. Zeus les extermina. Ils devinrent les Bienheureux des Enfers.

3 La race d'Airain

La race de Bronze ou d'Airain était encore inférieure à la précédente. Les hommes ne pensaient qu'à se battre. Ce fut le règne de la violence et de la guerre. Ils s'entre-tuèrent et Zeus noya les survivants sous un déluge.

4 La race des Héros

Plus juste et plus brave, la race suivante est celle des héros ou demi-dieux qui accomplirent de formidables exploits. Ils moururent en combattant vaillamment lors d'expéditions : à Thèbes, pour reconquérir le trône, à Troie, pour ramener Hélène.

5 La race de Fer

La cinquième et dernière race des hommes est la race actuelle : c'est la race de Fer, qui supporte fatigues, misères et angoisses. Emplie de folie et de démesure, elle connaît néanmoins un certain esprit de vertu et de justice.

La mort

À leur mort, les hommes devaient faire face au destin que leur réservaient les dieux.

Thanatos

Thanatos était le dieu de la Mort. Fils de Nyx, la Nuit, il était le frère jumeau d'Hypnos, le Sommeil. Ce génie ailé venait trouver les mortels lorsque le temps qu'ils avaient à vivre était écoulé. Il leur coupait alors une boucle de cheveux pour la dédier à Hadès, dieu des Enfers. Puis il emportait le corps au royaume des morts.

Thanatos. Peinture de W. B. Richmond (XIXe s.).

Les Érinyes. Vase grec (IVe s. av. J.-C.).

Les trois Moires

Les trois Moires étaient les filles de Thémis et de Zeus. Elles demeuraient dans un palais de bronze voisin de l'Olympe sur les murs duquel elles écrivaient le destin des mortels. Clotho, "la Fileuse", donnait naissance au fil qui symbolisait la vie de chaque homme. Lachésis, "le Sort", veillait à son déroulement. Atropos, "l'Inflexible" le tranchait, l'heure de la mort venue. Elles seules décidaient de la vie et de la mort. Rien ni personne ne pouvait effacer ce qu'elles avaient écrit, pas même Zeus. Les Romains les appelèrent les Parques.

Les Érinyes

Trois vierges aux ailes rapides et coiffées de serpents étaient nées du sang d'Ouranos. Déesses de la Vengeance, elles parcouraient la surface de la Terre pourchassant sans relâche les criminels. Elles les frappaient de châtiments terribles : douleur, folie, sacrifice et même malédiction d'une famille entière. Oreste, meurtrier de sa mère, ne leur échappa pas. Leurs actions démoniaques s'étendaient aussi au royaume des Enfers. Dans le Tartare, elles torturaient les âmes des morts coupables d'impiété, les fouettaient et les insultaient. Les Romains donnèrent un nom tout à fait approprié à ces déesses d'une violence inouïe : les Furies.

L'Olympe. Fresque de Giulio Romano (XVIe s.).

L'Olympe

Douze grandes divinités se partagent l'univers. Elles vivent au sommet de l'Olympe, c'est-à-dire dans le ciel lumineux.

Une montagne magique

L'Olympe est la plus haute montagne de Grèce. Son sommet, souvent couronné de nuages, est pratiquement invisible, ce qui lui confère un air mystérieux. C'est pour cette raison que les Grecs ont imaginé qu'elle abritait des dieux.

12 dieux sur l'Olympe

Zeus, dieu des dieux, assis sur un trône en or, règne en maître sur l'Olympe et sur l'Univers. Les dieux se réunissent dans sa maison pour délibérer du sort des hommes en leur envoyant le bien ou le mal pour faire respecter la loi divine. Les douze "Olympiens", six dieux et six déesses, jouissent d'une jeunesse éternelle. Ce sont Héra, Poséidon, Hestia, Déméter, Arès, Héphaïstos, Athéna, Apollon, Artémis, Hermès et Aphrodite. Hadès, frère de Zeus et dieu des Enfers, habite sous la terre. Les dieux de l'Olympe descendent rarement sur Terre et, dans ce cas, ils revêtent une apparence humaine ou animale.

Le nectar et l'ambroisie

Les Olympiens passent le plus clair de leur temps en jeux et en festins, au milieu des chants et des danses des Muses. Ils boivent le nectar et savourent l'ambroisie, à base de miel. Ces nourritures leur assurent l'invulnérabilité, la jeunesse éternelle et l'immortalité. Mais les dieux ne sont guère différents des humains : ils sont envieux, colériques, susceptibles... Les assemblées que Zeus préside pour décider du sort des hommes sont souvent houleuses, même si Zeus, par ses colères redoutables ou ses éclats de rire, a vite fait de remettre de l'ordre.

Les Charites et les Heures

Les Charites, que les Romains ont appelé les trois Grâces, sont les filles de Zeus. Divinités de la beauté souriante, elles transmettent la joie. Elles chantent avec les Muses, auxquelles elles se joignent dans le cortège d'Apollon. Également filles de Zeus, les Heures accompagnent les Muses et les Charites. Elles représentent le temps, les saisons, les heures de la vie.

Les Muses

Les neuf Muses aux voix exquises sont les filles de Zeus et de Mnémosyne (la Mémoire). À elles toutes elles possèdent l'ensemble des connaissances sur les arts et la science, chacune dans un domaine précis. Calliope préside à la poésie ; Clio, à l'histoire ; Érato, au mariage ; Euterpe, aux fêtes ; Melpomène, au chant et au théâtre ; Polymnie, à l'art du discours ; Terpsichore, à la danse ; Thalie, à la comédie ; Uranie, à l'astronomie.

Les neuf Muses. Bas-relief romain.

Zeus

Jupiter

Zeus et Thétis. Ingres (XIXe s.).

Sauvé par sa mère

Zeus est le dernier des six enfants du Titan Cronos et de Rhéa. Afin d'éviter que l'un de ses enfants ne lui vole son trône, Cronos les avalait les uns après les autres dès leur naissance. Pour sauver son fils Zeus, Rhéa présente à Cronos une pierre recouverte de langes. Cronos l'avale comme s'il s'agissait du nouveau-né et Rhéa confie le petit Zeus à une chèvre, Amalthée, qui l'élève en cachette en Crète. Devenu grand, Zeus n'a qu'une idée en tête : se venger de son père. Il lui fait boire une potion qui force Cronos à vomir ses frères et sœurs. Puis il prend la place de son père sur le trône et devient le maître du monde.

Maître incontesté des dieux et des hommes, Zeus fait respecter la justice sur Terre comme au Ciel. Sa main puissante lance des éclairs, déclenche la foudre et fait rouler le tonnerre.

Maître du monde

Bien que dominant le monde, Zeus sait que le Destin, qui décide de la vie et de la mort, est plus fort que lui. Il sait aussi qu'il ne suffit pas d'user de la force brutale pour garder le pouvoir. Il prend donc conseil auprès des autres dieux, il s'efforce de tenir le rôle d'arbitre dans leurs conflits (lors de la guerre de Troie, par exemple, au sujet de l'avenir des Grecs et des Troyens). Dieu de la Justice, il apprend aux hommes à respecter les lois et, lorsqu'il juge leurs fautes trop graves, il les punit.

Un incorrigible séducteur

Afin d'assurer sa descendance, Zeus épouse successivement Métis (la Sagesse), Thémis (la Justice), qui siège toujours à ses côtés, Déméter, Mnémosyne, et enfin Héra. Zeus a également d'innombrables aventures avec des mortelles qui donnent naissance à des héros et à des demi-dieux.

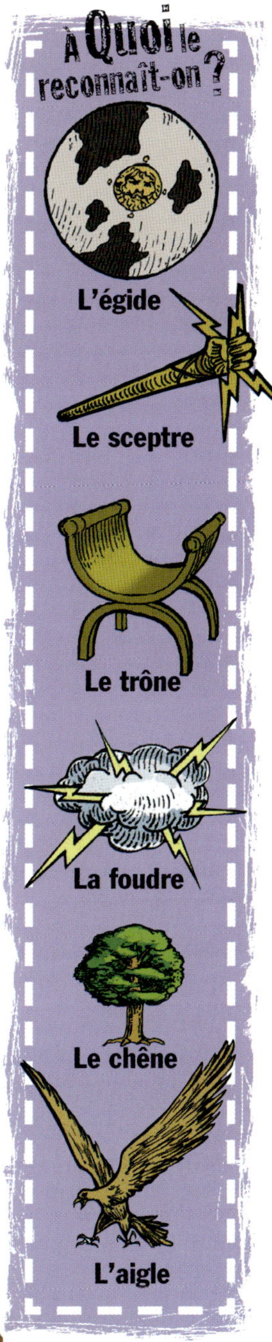

Zeus tenant la foudre. Fresque de Giulio Romano (XVIe s.).

De redoutables punitions

Il attache Ixion, amoureux d'Héra, à une roue enflammée. Il foudroie Asclépios, fils d'Apollon, qui a ressuscité des morts. Également foudroyé, le roi d'Arcadie, Lycaon, qui a servi de la chair humaine à Zeus. Sisyphe est condamné à rouler éternellement une pierre jusqu'au sommet d'une montagne d'où elle retombe chaque fois. Quant à Apollon et Poséidon, ils sont envoyés comme esclaves chez les mortels.

Les Grecs disaient : "Zeus pleut, Zeus tonne".
C'est de là que vient notre habitude de dire : "Il pleut, il tonne."

Zeus amoureux

Zeus est sans cesse amoureux. Pour mieux approcher et séduire les mortelles qui lui plaisent, il utilise toutes sortes de ruses et prend toutes sortes de formes. On l'appelle le dieu “aux mille formes”.

Un cygne pour Léda

Léda est la très belle épouse de Tyndare, roi de Sparte. Zeus en tombe amoureux. Pour la séduire, il se change en cygne. C'est pourquoi les enfants de Léda (deux jumeaux et deux jumelles) sont nés dans deux œufs. Dans chaque œuf, il y a un enfant de Tyndare (Castor chez les garçons et Clytemnestre chez les filles) et un enfant de Zeus (Pollux et Hélène). Les premiers sont mortels, les autres divins.

Zeus transformé en cygne pour séduire Léda. C. da Cesto (XVIe s.).

Un taureau pour Europe

Europe enlevée par Zeus transformé en taureau. J. Cousin (XVIe s.).

Zeus tombe amoureux de la nymphe Europe en la voyant jouer au bord de la mer. Pour l'approcher sans l'effrayer et sans éveiller la jalousie d'Héra, il se transforme en un magnifique taureau blanc aux cornes dorées. Il s'approche et se met à jouer avec elle. Europe caresse son pelage, tresse des guirlandes de fleurs sur ses cornes et finit par s'asseoir sur son dos. Zeus s'éloigne alors du rivage et, s'élançant dans les flots, emporte Europe au-delà de la mer.

Ganymède enlevé par un aigle. Michel-Ange (XVIe s.).

L'aigle de Ganymède

Ganymède, "le plus beau des mortels", est un prince de la famille royale de Troie. Berger, il garde son troupeau sur une montagne lorsque Zeus le voit. La beauté du jeune homme enflamme son cœur. Le dieu se transforme en aigle et emporte Ganymède dans ses serres jusque sur l'Olympe où il en fait son échanson : Ganymède est chargé de verser le nectar, la boisson des dieux, dans la coupe de Zeus.

Vase grec (Ve s. av. J.-C.).

Une pluie d'or pour Danaé

Un oracle prédit que Danaé, fille du puissant roi d'Argos, aurait un enfant qui tuerait son grand-père. Épouvanté, le souverain enferme Danaé dans une tour d'airain sans aucune ouverture et cernée de gardes. Voulant rejoindre Danaé endormie, Zeus se métamorphose en une pluie d'or si fine qu'elle parvient à traverser le métal. Ainsi est conçu Persée… qui accomplira l'oracle.

Le nuage de Io

Les magnifiques yeux bleus de Io séduisent Zeus, qui se transforme en nuage pour s'unir discrètement à elle. Mais Héra s'en aperçoit. Zeus métamorphose Io en une belle génisse blanche, pensant tromper Héra. Mais celle-ci exige que la génisse lui soit offerte et la confie à la surveillance d'Argos, géant aux cent yeux, qui ne dort jamais que de cinquante yeux. Zeus fait appel au rusé Hermès, qui endort le géant et lui tranche la tête. Furieuse, Héra envoie un taon piquer les flancs de la génisse. Affolée par les piqûres de l'insecte, Io s'enfuit et ne s'arrête qu'en Égypte, où Zeus lui rend sa forme humaine.

Io embrassée par Zeus, transformé en nuage. Peinture du Corrège (XVIe s.).

Héra

Junon

Sœur et épouse de Zeus, Héra est une grande déesse de l'Olympe, mais elle passe son temps à surveiller son époux infidèle.

L'épouse jalouse de Zeus

Pendant la guerre qui a opposé Zeus aux Titans, Héra est confiée par sa mère, Rhéa, à Océan et Téthys. Plus tard, elle devient la dernière épouse de Zeus. Lors de ses noces célébrées dans le Jardin des Hespérides, elle reçoit les Pommes d'or. Quatre enfants naissent ensuite : Héphaïstos, Arès, Ilithye, génie féminin qui préside à l'enfantement et Hébé, personnification de la jeunesse. Épouse légitime du plus grand des dieux, à côté duquel elle siège, Héra est la déesse protectrice des épouses. Toutefois son mari la trompe sans répit et sa jalousie se déchaîne inlassablement.

Héra et Zeus.
H. D. Hamilton (XVIIIe s.).

Héra, sculpture grecque du Ier s.

Sans pitié pour Héraclès...

Héra s'acharne particulièrement sur Héraclès, le fils de Zeus et d'Alcmène. Elle envoie des serpents pour l'étouffer dans son berceau, le frappe de folie, lui fait massacrer ses enfants et est à l'origine des douze travaux qu'il doit accomplir. Tenace et rancunière, Héra continue de le persécuter. Zeus, exaspéré, finit par la punir et la suspend par les pieds du haut de l'Olympe, non sans avoir pris la peine de fixer une enclume à chacune de ses jambes. Quand Héraclès meurt et gagne l'Olympe, il se réconcilie avec Héra.

Héra et ses rivales

Sémélé, la mère de Dionysos, meurt foudroyée pour avoir suivi le conseil d'Héra et demandé à Zeus de lui apparaître avec la foudre et les éclairs. Héra frappe ensuite de folie le couple qui a recueilli l'enfant, puis Dionysos lui-même lorsqu'il est adulte. La déesse persécute également Io, que Zeus a transformée en génisse. Héra pourchasse aussi Léto et l'empêche longtemps d'accoucher des jumeaux qu'elle attend de Zeus (Apollon et Artémis). Héra persuade enfin Artémis de tuer d'une flèche sa jeune compagne Callisto, que Zeus aime.

... et Tirésias

Héra et Zeus se querellent pour savoir qui, de l'homme ou de la femme, est le plus sensible aux plaisirs amoureux. Ils prennent Tirésias pour arbitre car il a été femme pendant une partie de sa vie, mais celui-ci est de l'avis de Zeus et répond : "la femme". Héra le rend aveugle.

À Quoi la reconnaît-on ?

Le lys

La vache

Le paon

Contre les Troyens

Héra prend une part active à la guerre de Troie, aux côtés des Grecs. Elle ne pardonne pas au Troyen Pâris son fameux jugement en faveur d'Aphrodite. Dès que Pâris s'enfuit vers Troie avec Hélène, Héra provoque une effroyable tempête contre son navire. Pendant les combats, elle protège particulièrement Achille et le roi Ménélas, le mari d'Hélène.

Déméter

Cérès

À Quoi la reconnaît-on ?

L'épi de blé

Le pavot

Le porc

C'est Déméter, déesse mère de la Terre, qui a appris aux hommes à cultiver le blé et à moudre le grain.

L'enlèvement de Coré

Déméter a épousé son frère, Zeus, avec lequel elle a eu une fille : Coré. Devenue une belle jeune fille, Coré touche le cœur du dieu des Enfers qui décide d'en faire son épouse. Un jour que sa mère est descendue sur Terre, Coré va cueillir des fleurs lorsque la terre s'ouvre brutalement, laissant surgir le char d'Hadès qui l'enlève avec la complicité de Zeus. Au moment de disparaître sous terre, Coré pousse un hurlement si terrible et si désespéré que sa mère l'entend.

Déméter. Sculpture romaine du Ier s.

Une mère désespérée

Pendant neuf jours et neuf nuits, Déméter recherche sa fille sans boire ni manger. Son inquiétude et son angoisse grandissent car Coré reste introuvable. Déméter maigrit, pleure, se désespère. Elle doit subir les assauts de Poséidon qui est tombé amoureux d'elle et la suit partout dans sa course. Pour lui échapper, Déméter se métamorphose en jument et se cache. Mais Poséidon se transforme en cheval pour s'unir à elle. Le dixième jour, Déméter rencontre Hécate, qui lui vient en aide. Elle aussi a entendu le cri de Coré. Elles vont trouver le dieu du Soleil, Hélios, le seul qui voit tout. Ému par le chagrin de Déméter, il ose lui révéler qu'Hadès a enlevé sa fille. Elle explose de colère et déclare qu'elle ne rejoindra pas l'Olympe tant que sa fille ne lui sera pas rendue.

Déméter entourée de blé. Mosaïque romaine (IIIe s.).

Une demi-victoire

Les dieux s'inquiètent car plus rien ne pousse dans les champs. Le bétail meurt, les hommes sont affamés. Pour éviter une catastrophe, Zeus ordonne à Hadès de rendre Perséphone à sa mère. Mais, aux Enfers, la jeune fille a goûté à la nourriture des morts, elle est donc liée à ce royaume pour l'éternité. Pour ménager à la fois Déméter et Hadès, Zeus autorise Perséphone à vivre six mois par an sur Terre, avec sa mère, tandis qu'elle passera les six autres mois avec son mari. C'est ainsi que, lorsque Perséphone est aux Enfers, la terre reste nue : c'est l'automne et l'hiver. Mais dès son retour chez sa mère, le printemps revient.

L'art de l'agriculture

Déméter commence à errer sur la Terre, sous les traits d'une vieille femme. Elle trouve refuge au nord d'Athènes, à Éleusis, chez le roi Céléos et sa femme Métanire. Elle devient la nourrice de leur plus jeune fils, Démophon. Pour remercier ses hôtes, la déesse veut rendre immortel leur enfant en le plongeant régulièrement dans un feu purificateur. Une nuit, Métanire surprend Déméter et pousse un cri. La déesse, effrayée, lâche l'enfant qui tombe dans le feu. Après le drame, la déesse leur révèle sa véritable identité. Pour consoler les parents, elle enseigne l'art de l'agriculture à leur second fils. Mais la colère de Déméter envers la Terre, qui s'est rendue complice de l'enlèvement de Coré – devenue l'épouse d'Hadès sous le nom de Perséphone, – ne faiblit pas : "Sol ingrat ! Je t'avais rendu fertile ; je t'ai revêtu d'herbe et de grain nourrissant et c'est ainsi que tu me récompenses. Tu n'auras plus mes faveurs !"

Déméter retrouvant sa fille Coré-Perséphone. Peinture de F. Leighton (fin XIXe s.).

Poséidon

Neptune

Ombrageux et rancunier, Poséidon règne sur la mer et il est le maître des eaux, des tremblements de terre et des raz de marée.

Un char et un trident

Poséidon est le dieu des Eaux. Il habite un somptueux palais au fond de la mer. Des chevaux aux pieds palmés et aux crinières d'écume tirent son char escorté de divinités marines : les Tritons, les Sirènes. Il protège les navigateurs, mais il lui arrive aussi de déchaîner de violentes tempêtes ou des tremblements de terre grâce à son trident à trois pointes, qu'il a reçu des Cyclopes et qui est devenu son attribut. Les navires sont alors engloutis ou se perdent, et les marins meurent noyés ou jetés sur des rivages inconnus.

Poséidon et son épouse Amphitrite. Mosaïque romaine (IVe s.).

Poséidon emporté par ses chevaux marins. Mosaïque romaine (IIIe s.)

Contre Troie et Ulysse

Ambitieux et plutôt querelleur, Poséidon complote un jour avec Héra, excédée par les infidélités de son époux. Avec l'aide d'autres dieux, ils attachent Zeus pendant son sommeil, ce qui leur vaut une punition exemplaire : Poséidon et Apollon doivent servir pendant un an chez le roi de Phrygie. Ils construisent pour lui les remparts de Troie. Comme le roi refuse de payer leur salaire,

À quoi le reconnaît-on ?

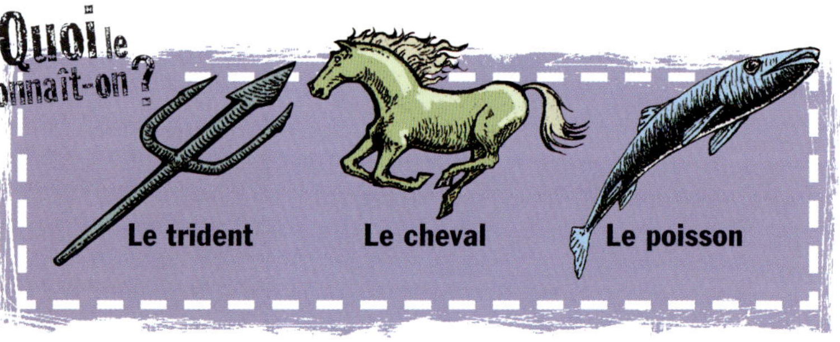

Apollon envoie la peste sur la ville et Poséidon fait surgir un monstre de la mer, qui sème la désolation. À partir de là, Poséidon se range dans le camp des Grecs, contre les Troyens. C'est lui qui précipite, des profondeurs de la mer, les monstres marins qui étouffent le prêtre Laocoon parce qu'il veut empêcher les Troyens de tirer le colossal cheval dans la ville. Et s'il poursuit Ulysse de sa colère en l'obligeant à errer durant dix ans avant de pouvoir rentrer à Ithaque, c'est parce que le héros grec a aveuglé son fils, le Cyclope Polyphème. Une autre fois, Poséidon se venge du roi Minos, qui refuse de lui sacrifier un taureau blanc, en inspirant à Pasiphaé, son épouse, une passion monstrueuse pour l'animal : de cet amour est né le Minotaure.

Poséidon avec son trident face à Athéna (vase étrusque).

Une famille de monstres

Les multiples aventures amoureuses de Poséidon lui assurent une très nombreuse descendance, souvent malfaisante. De son épouse, la nymphe marine Amphitrite, il a un fils, Triton, à buste d'homme et à queue de poisson. Gaia lui donne Antée, un Géant avide de sang que va tuer Héraclès, et Charybde, que Zeus change en monstre marin qui avale les navires. Poséidon est aussi le père du redoutable Cyclope Polyphème dont Ulysse crèvera l'unique œil.

Rival d'Athéna

Lors d'un concours Poséidon s'oppose à Athéna : ils se disputent l'honneur de devenir protecteur d'Athènes. Les rusés Athéniens ont promis de choisir celui qui leur offrirait le cadeau le plus utile : Poséidon leur fait don d'une source salée, Athéna d'un olivier. Les Athéniens préfèrent l'olivier, symbole de paix et de prospérité. Furieux de ne pas avoir été choisi, Poséidon frappe le sol de son trident, laissant sur le rocher de l'Acropole une trace qu'on montrait encore dans l'Antiquité.

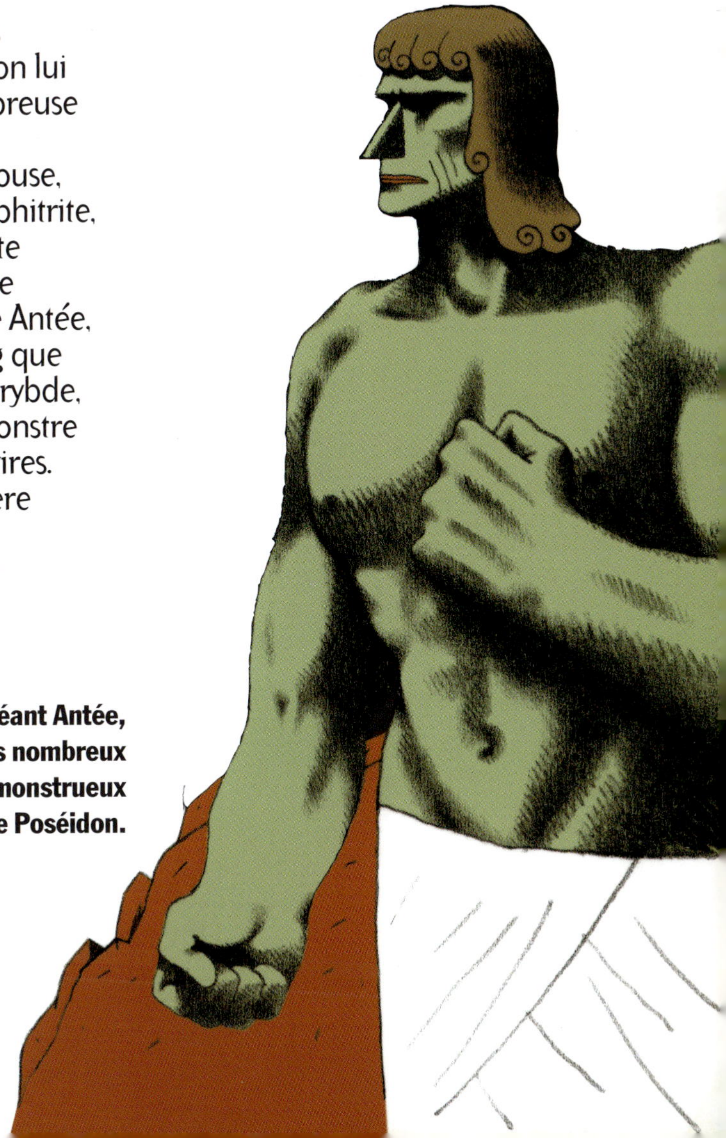

Le Géant Antée, l'un des nombreux enfants monstrueux de Poséidon.

Héphaïstos

Vulcain

Héphaïstos est le dieu du Feu. S'il est le plus laid de tous les dieux, il est aussi le maître de la métallurgie.

Laid et boiteux

Héphaïstos est le fils d'Héra et de Zeus. Contrairement aux autres dieux, il est très laid et il boite. Dans l'*Iliade*, Homère donne deux origines à l'infirmité du dieu : la première est que lors d'une dispute entre ses parents, Héphaïstos défend sa mère. Zeus contrarié prend l'enfant et le jette de l'Olympe. Il tombe une journée entière et atterrit sur l'île de Lemnos où, blessé, il reste boiteux. L'autre explication est qu'Héra, honteuse d'avoir mis au monde un enfant boiteux de naissance, décide de le jeter de l'Olympe afin de le cacher aux autres dieux ; il tombe dans la mer où il est recueilli et élevé pendant neuf ans par Téthys et apprend à forger les métaux.

Héphaïstos forgeant les armes d'Achille. Fresque de Giulio Romano (XVIe s.).

La ceinture d'Aphrodite.

Pandore, la première femme.

À Quoi le reconnaît-on ?

L'enclume

Le char d'Hélios, le Soleil.

Le trident de Poséidon.

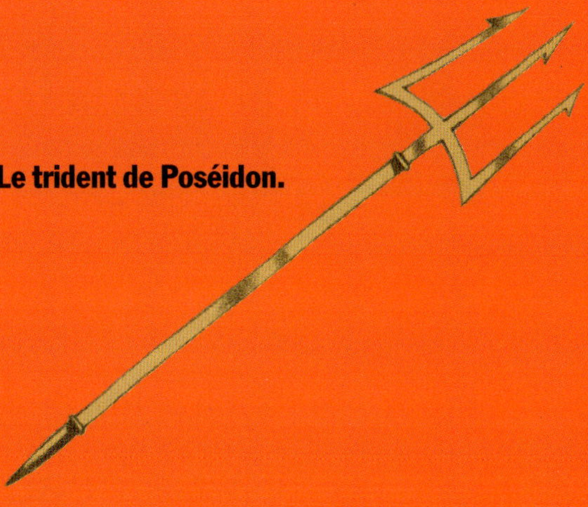

La foudre de Zeus.

Les flèches d'Artémis et d'Apollon.

L'époux d'Aphrodite

Héphaïstos devient un dieu habile dans l'art des métaux et de la métallurgie, capable de grandes prouesses techniques. Pour se venger de sa mère qui l'a abandonné, il fabrique un splendide trône d'or qui emprisonne quiconque s'y asseoit. Il l'envoie sur l'Olympe pour sa mère qui imprudemment s'y installe. Un mécanisme complexe se déclenche et empêche Héra de se relever. Les dieux doivent aller chercher Héphaïstos qui libère sa mère à condition qu'il puisse revenir sur l'Olympe et épouser la plus belle des déesses : Aphrodite.

Héphaïstos devant sa forge.
Relief en marbre (xve s.).

Le forgeron des dieux

Revenu dans l'Olympe, le Dieu du Feu, devient bien vite le forgeron officiel des dieux et des héros. Aidé par les Cyclopes enfermés dans l'Etna qui vomit le feu, il forge le sceptre et les foudres de Zeus ainsi que l'armure d'Achille, le trident de Poséidon, la cuirasse d'Héraclès, les armes de Pélée et les flèches d'Artémis et d'Apollon.

Apollon

Gracieux, les cheveux longs et bouclés, ce dieu d'une beauté extraordinaire règne sur la lumière, la musique et la poésie.

Apollon, dieu de la Lumière, de la Musique et de la Poésie. Bronze (XVIIIe s.).

Une naissance difficile

La mère d'Apollon, Léto, a du mal à accoucher des enfants qu'elle attend de Zeus car Héra, folle de jalousie, la poursuit sans cesse. Elle finit par trouver une île où elle accouche d'abord d'une fille, Artémis, qui l'aide aussitôt à mettre au monde un fils : Apollon. Zeus offre à son fils une lyre et un char. Nourri, comme les dieux, de nectar et d'ambroisie, Apollon devient en sept jours un bel adolescent qui apprend la musique et la poésie.

À quoi le reconnaît-on ?

Le laurier

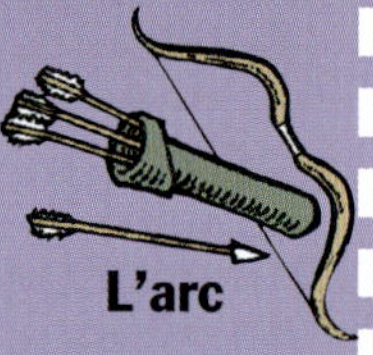

L'arc

La lyre

Le dauphin

Le corbeau

Le char d'Apollon. Peinture de P. Perugino (XVIe s.).

L'oracle de Delphes

Monté sur son char, Apollon part chez les Hyperboréens, auprès desquels il reste un an. Il y retourne chaque année pour en rapporter l'été et la chaleur du soleil. Il devient ainsi le dieu de la lumière solaire. Apollon va ensuite en Grèce, à Delphes, pour y établir un oracle, et y tue le monstrueux serpent-dragon Python qui sème la terreur. On lui construit un temple dans la montagne où une jeune fille, la Pythie, rend ses oracles : elle transmet aux prêtres les paroles du dieu.

Le mal-aimé

Apollon n'a pas beaucoup de succès en amour. Lorsqu'il déclare son amour à la nymphe Daphné, elle prie pour être épargnée et est changée en laurier. Apollon en fait son arbre sacré. Plus tard, il s'éprend de la princesse Coronis, qui lui est infidèle. Il la tue mais sauve le fils qu'elle attend de lui, Asclépios (Esculape). Apollon n'a pas plus de chance avec Cassandre. Il lui apprend l'art de la divination mais elle repousse tout de même son amour. Il la condamne à n'être jamais crue, ce qui sera le cas lorsqu'elle prédira la chute de Troie.

Apollon déclarant son amour à Daphné. Peinture de T. Chasseriau (XIXe s.).

Les flèches d'Apollon

Les flèches d'Apollon sont redoutables. Afin de défendre sa mère, Léto, il tue de ses flèches les enfants de Niobé et terrasse le géant Tityos. Pendant le siège de Troie, il envoie aux Grecs une épidémie de peste qui anéantit leur armée. Apollon venge la mort de son fils Asclépios, foudroyé par Zeus, en massacrant les Cyclopes qui ont forgé la foudre. Il punit de mort Marsyas qui l'a défié dans un concours musical. Après ces actes assassins, Apollon se purifie en s'imposant des épreuves.

Tirésias et Ulysse aux Enfers. Fresque d'Allori (XVIe s.).

Oracles
et prophéties

La parole des dieux, et particulièrement celle d'Apollon, est transmise aux hommes par leurs oracles.

Tirésias

Un jour, Zeus et Héra se disputent au sujet de ce que ressentent l'homme et la femme dans l'amour. Ils choisissent Tirésias pour les départager car ce devin mythique a été transformé en femme une partie de sa vie. Tirésias donne raison à Zeus. Héra, furieuse, le rend aveugle, mais Zeus lui accorde le pouvoir de prédire l'avenir. Ainsi, il prédit à la mère d'Héraclès que celui-ci sera le héros de l'humanité. Il révèle à Œdipe qu'il a tué son père et épousé sa mère sans le savoir. Et il annonce à Ulysse, venu le consulter aux Enfers, qu'il rentrera seul à Ithaque.

La Sibylle

À l'origine, Sibylle est le nom d'une vraie femme, une prêtresse qui rend les oracles d'Apollon, mais ensuite on a donné ce nom à de nombreuses prophétesses. La plus célèbre est la Sibylle romaine de Cumes, près de Naples, qui guidera Énée aux Enfers.

La Sibylle de Cumes. Fresque de Michel-Ange (XVIe s.).

Calchas

Calchas interprète le vol des oiseaux. Devin des Grecs lors de leur expédition contre Troie, il annonce que Troie tombera au bout de dix ans si les Grecs sont aidés par Achille. Il conseille de sacrifier Iphigénie, la fille d'Agamemnon, à Artémis, pour permettre aux navires grecs de partir. Il trouve la cause de la peste qui frappe l'armée grecque : Agamemnon a capturé la fille d'un prêtre d'Apollon et doit la rendre.

Cassandre

Elle est la fille du roi de Troie, Priam, et d'Hécube. Apollon est amoureux d'elle. Il lui promet de lui apprendre à deviner l'avenir si elle consent à l'aimer. Cassandre fait semblant d'accepter la proposition, mais elle évite le dieu dès qu'elle possède le don de prophétie. Pour se venger Apollon ne lui retire pas ce don, mais il fait en sorte que ses prophéties ne soient jamais crues. C'est ainsi que Cassandre assiste impuissante aux préparatifs de la guerre de Troie, qu'elle a prédite, et qu'elle s'oppose, en vain, à l'introduction, dans la cité de Troie, du fameux cheval de bois abandonné par les Grecs.

La Pythie. Vase grec.

Pythie, l'esprit d'Apollon

Assise sur un trépied dans une petite salle située tout au fond du temple d'Apollon, à Delphes, la Pythie est choisie parmi les plus belles et les plus chastes jeunes filles de la ville. La Pythie entre en transe au-dessus d'une crevasse d'où s'échappent des vapeurs imprégnées de l'esprit du dieu. Elle prononce des paroles incompréhensibles, transmises par le dieu. Des prêtres interprètent ses réponses pour ceux qui sont venus interroger Apollon sur leur avenir.

Laocoon

Laocoon est un prêtre mythique de Troie. Lorsque les Grecs abandonnent le cheval de bois rempli de guerriers devant les portes de Troie, ils font croire qu'il s'agit d'une offrande à Athéna. Voyant la curiosité des Troyens, le prêtre Laocoon s'écrie : "Ne vous fiez pas à ce cheval !" et il les supplie de le laisser à l'extérieur de la ville. Mais Laocoon meurt alors tragiquement, étranglé avec ses deux fils par des serpents sortis de la mer. Persuadés que cette mort est une punition des dieux pour avoir profané l'offrande, les Troyens font aussitôt entrer le cheval dans la ville.

Laocoon et ses fils. Sculpture grecque.

Artémis
par P. P. Rubens
(XVIIe s.).

Artémis

Diane

Déesse de la Chasse et de la Chasteté, Artémis est la sœur d'Apollon. Zeus, son père, lui offre un arc et des flèches et Pan lui donne une meute de chiens féroces.

Déesse de la Nature

Farouche, Artémis aime vivre et chasser dans les bois, entourée de nymphes et accompagnée de son animal sacré : la biche. Elle est la protectrice des Amazones qui sont guerrières et chasseresses comme elle.

Protectrice des femmes

À peine née, Artémis aide sa mère Léto à accoucher de son frère jumeau, Apollon. Le père des enfants étant Zeus, Léto a dû fuir la jalousie d'Héra, et n'a trouvé pour tout refuge que l'île de Délos. Artémis, qui assiste aux souffrances de sa mère lors de la naissance d'Apollon, prend la résolution de ne jamais se marier pour ne pas connaître cette épreuve. Elle devient pourtant la protectrice des femmes en couches. Afin de se défendre, elle demande un arc et des flèches à son père. Aussi belle qu'Apollon, Artémis apporte elle aussi la lumière. Non celle du Soleil, comme lui, mais celle de la Lune, car les jumeaux sont complémentaires.

Artémis se venge

Les vengeances d'Artémis font de nombreuses victimes. Niobé s'étant vantée d'avoir eu plus d'enfants que Léto, Artémis les tue, aidée par Apollon. Lorsque Actéon la surprend nue alors qu'elle prend son bain, elle le change en cerf et lâche sur lui ses chiens qui le dévorent. Elle fait infliger à Orion une piqûre de scorpion mortelle parce que le malheureux chasseur l'a défiée. Artémis s'en prend au roi Œnée, coupable de l'avoir oubliée lors d'un sacrifice aux dieux. Elle fait dévaster son royaume par un sanglier monstrueux. Artémis punit également sa suivante Callisto, qui attend un enfant de Zeus, en la transformant en ourse.

Les six filles de Niobé tombant sous les flèches d'Artémis.

Orion piqué par un scorpion.

Callisto transformée en ourse.

Artémis accompagnée de sa biche. Sculpture grecque, en marbre.

À quoi la reconnaît-on ?

Hermès

Mercure

Fils de Zeus, intelligent et rusé, Hermès est le messager des dieux. On le reconnaît à ses petites ailes sur son chapeau et ses sandales.

La ruse du jeune Hermès

Peu après sa naissance, Hermès part en Thessalie jouer un tour à son frère Apollon qui garde les troupeaux du roi Admète. Il profite d'un moment d'inattention du dieu berger pour lui voler ses vaches. Il fait marcher les animaux à reculons afin que leurs empreintes ne mènent nulle part et se chausse de sandales faites de branches afin d'effacer ses empreintes. Il traverse la Grèce et cache le troupeau dans une grotte. Il sacrifie deux des génisses aux dieux puis retourne se coucher dans son berceau.

À Quoi le reconnaît-on ?

Le caducée

Un petit dieu musicien

Lorsque Apollon retrouve le voleur de son troupeau, quel n'est pas son étonnement en voyant un nouveau-né dans son berceau qui lui tend un instrument mélodieux. En effet, Hermès vient de fabriquer la première lyre avec la carapace d'une tortue et les boyaux d'un bœuf. Apollon, totalement séduit, échange son troupeau contre l'instrument et en fait son emblème. Plus tard, Hermès inventera la flûte et, pour l'avoir, Apollon lui donnera en échange son bâton de berger en or ; le "caducée", qui deviendra le symbole d'Hermès.

Le messager des dieux

Voyant son jeune fils si doué, Zeus décide d'en faire son messager : Hermès fait donc le lien entre les dieux et les hommes, et entre les dieux eux-mêmes. C'est lui qui conduit les âmes du monde des vivants à celui des morts. Il porte un chapeau ailé, un manteau, et de petites ailes sont attachées à ses talons, ce qui le rend plus rapide. Hermès apporte souvent une aide précieuse aux dieux. Son esprit rusé lui permet de sauver le dieu Arès, que les fils de Poséidon avaient enfermé dans un pot en bronze pendant treize mois. Surtout, il sauve son père, Zeus, dans son combat contre Typhon en lui rendant ses nerfs que le monstre avait cachés dans une caverne.

L'Amour ordonne à Mercure d'annoncer son pouvoir à l'Univers. Peinture d'Eustache Le Sueur (XVIIe s.).

Protecteur des commerçants et des voleurs

Hermès se fait le protecteur des voyageurs, le maître des bergers, et même le dieu des commerçants : grâce à son intelligence, il invente les poids et les mesures. Il est aussi le dieu de la Magie, des chiffres et des secrets "hermétiques", ainsi que l'inventeur de l'alphabet, de la musique, de l'astronomie et de la gymnastique. Mais tous ces bienfaits peuvent être détournés par la ruse. Hermès devient alors le maître des voleurs, du mensonge et de la fraude.

Athéna
Minerve

Déesse guerrière sortie tout armée de la tête de Zeus, Athéna symbolise aussi la justice.

Guerrière
mais sage

La première épouse de Zeus était Métis, la Sagesse. Lorsqu'elle a été enceinte, Ouranos et Gaia ont averti Zeus que l'enfant serait une fille, mais que si par malheur Métis avait un deuxième enfant, ce serait un garçon et qu'il détrônerait son père. Afin de se protéger de l'oracle, Zeus avala Métis. Au moment de la naissance, il ressent d'abominables maux de tête et ordonne à Héphaïstos de lui fendre le crâne d'un coup de hache. Athéna apparaît, déjà adulte, tout armée et casquée, en poussant un terrible cri de guerre. La déesse des Combats est née. La force qu'elle hérite de son père est toutefois tempérée par la raison qui lui vient de sa mère. Elle devient donc également la déesse de la Raison.

La naissance d'Athéna. Amphore grecque.

La fille préférée de Zeus

Athéna devient une conseillère appréciée des dieux et des mortels. Elle est aussi la fille préférée de Zeus. Extrêmement courageuse, elle participe au combat contre les Géants. Elle tue Pallas, Géant ailé dont elle prend la peau pour se confectionner une armure et dont elle fixe les ailes à ses pieds. Elle écrase le Géant Encelade sous la Sicile. Pendant la guerre de Troie, elle se range aux côtés des Grecs parce que le Troyen Pâris lui a refusé le prix de la beauté au profit d'Aphrodite. Athéna aide aussi Persée à tuer Méduse et Héraclès à accomplir ses travaux.

Protectrice d'Athènes

Athéna se querelle avec Poséidon parce qu'il lui dispute la souveraineté de la région d'Athènes. Le défi est lancé : celui qui offrirait le plus beau cadeau à la région remporterait la victoire. Poséidon frappe la colline de l'Acropole de son trident et fait apparaître une source d'eau salée (ou un cheval, selon une autre version) mais Athéna triomphe en faisant pousser un olivier, symbole de paix et de prospérité, dont l'huile est utilisée pour l'éclairage, la cuisine et les parfums. La gagnante donne son nom à la ville d'Athènes.

L'Acropole d'Athènes. Peinture de L. von Klenze (XIXe s.).

À Quoi la reconnaît-on ?

Le bouclier

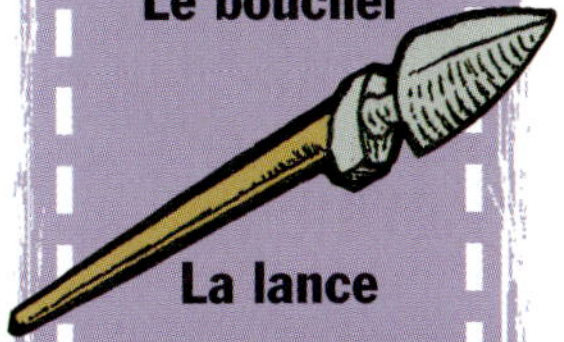

La lance

L'olivier

La chouette

Comme la chouette

Majestueuse, Athéna n'est pas vraiment belle, mais son regard est séduisant ; on l'appelle la "déesse aux yeux pers", c'est-à-dire aux yeux pailletés, qui rappellent ceux de la chouette, son animal favori. Elle ne se maria jamais et n'eut jamais d'enfants. Elle préside aux arts et à la littérature et protège les fileuses et les brodeuses.

Athéna, copie grecque de la statue de Phidias (Ve s. av. J.-C.)qui était placée à l'intérieur du Parthénon.

Aphrodite
Vénus

Déesse de la Beauté, de l'Amour, du Mariage et de la Fécondité, la belle Aphrodite connaît elle-même de folles passions.

À Quoi la reconnaît-on ?

Le cygne

Le moineau

La colombe

Vénus de Milo, marbre grec (Ier s. av. J-C.).

Déesse de la Beauté

Arrivée sur l'Olympe, Aphrodite trouve naturellement sa place parmi les douze grands dieux. Reconnue par tous comme la déesse de la Beauté et du Charme, elle suscite pourtant la jalousie, notamment de la part d'Héra et d'Athéna. Son apparition est signe de grâce, de plaisir et d'amour, mais aussi de fécondité. La pomme et la grenade, aux nombreux pépins, symboles de fécondité, lui sont consacrées. La colombe est son oiseau favori. Ses plantes, la rose et le myrte, deviennent le symbole de l'amour.

Mariée au plus laid

La déesse de l'Amour possède un pouvoir de séduction irrésistible. Mariée au dieu forgeron Héphaïstos, laid et boiteux, elle a une aventure secrète avec Arès, le jeune dieu de la Guerre. L'histoire se termine plutôt mal pour les deux amoureux qui sont pris dans les mailles d'un filet magique fabriqué par Héphaïstos. Honteux d'avoir subi les rires des dieux venus voir le spectacle, les prisonniers enfin libérés s'enfuient de l'Olympe. Éros naît de leur amour.

Née de la mer

On dit que quelques gouttes du sang d'Ouranos, blessé par son fils Cronos, sont tombées dans la mer et qu'Aphrodite en est née aussi belle et blanche que l'écume. À peine a-t-elle jailli des vagues dans toute sa beauté que les Zéphyrs, ces doux vents du printemps, l'ont portée dans les airs jusqu'à l'île de Cythère. Là, elle a été accueillie, vêtue et parée par les Grâces et conduite vers l'Olympe sur un char tiré par des colombes.

La naissance de Vénus. Botticelli (XVe s.).

De redoutables colères

Aphrodite cause la perte d'Hippolyte qui n'aime que la chasse, les forêts et les chevaux et refuse de s'intéresser à l'amour. Elle inspire à Phèdre une passion violente pour son beau-fils, Hippolyte. Repoussée par lui, Phèdre provoque la mort atroce du jeune homme et finit par se suicider.

Vénus et Adonis. Peinture de Titien (XVIe s.).

Pour l'amour d'Adonis

Aphrodite avait recueilli le petit Adonis à sa naissance et l'avait confié à Perséphone, la reine des Enfers. En grandissant, le charmant bébé devient un jeune homme d'une grande beauté. Aphrodite et Perséphone l'adorent également et se le disputent violemment. Mais, un jour, alors qu'il chasse dans la forêt, il est mortellement blessé par un sanglier sauvage. Au désespoir, la déesse change le sang de la blessure d'Adonis en anémone. Aphrodite aime aussi Anchise, prince de Troie, à qui elle laisse secrètement un fils : Énée.

Arès

Mars

Dieu de la Guerre, Arès aime la violence et le sang ; lui n'est aimé ni des mortels ni des dieux.

Arès
Statue de marbre, par J. Sansovino (XVIe s.).

L'amour de la violence

Arès adore les combats acharnés, le sang, la brutalité ; il se réjouit de voir les guerriers se massacrer

À Quoi le reconnaît-on ?

Le vautour

De cuisantes défaites

Arès n'est pas invincible. Il est blessé à plusieurs reprises, en particulier par Athéna. Ainsi, devant les murs de Troie lorsqu'il attaque Diomède de sa lance, Athéna fait dévier le coup de lance et Arès est blessé par Diomède. Une autre fois, toujours devant Troie, c'est la déesse Athéna elle-même qui le frappe d'une grosse pierre. Arès est aussi enfermé dans une jarre pendant treize mois pour avoir tué l'un des fils de Poséidon.

Le combat entre Arès et Athéna. Peinture de J. L. David (XVIIIe s.).

dans les batailles et périr dans des carnages. Sa taille est surhumaine ; il hurle aussi fort que mille guerriers réunis tandis qu'il s'élance pour transpercer les combattants avec sa lance et fracasser les murs défendant les villes. Protégé par une cuirasse, un casque et un bouclier, il combat parfois sur un char tiré par quatre chevaux. .
Il se plaît fréquemment à intervenir dans les combats, mais sans choisir véritablement son camp. Ainsi, pendant la guerre de Troie, il se bat souvent aux côtés des Troyens, mais également avec leurs ennemis les Grecs !
Il est escorté de ses fils, Phobos (la Terreur), Déimos (la Crainte) et de sa sœur jumelle Éris, la déesse des Querelles.

L'amour d'Aphrodite

La liaison d'Arès avec Aphrodite, l'épouse d'Héphaïstos, est très célèbre. Le dieu de la Guerre et la déesse de l'Amour sont surpris ensemble un matin par Hélios, dieu du Soleil, qui s'empresse de prévenir Héphaïstos. Furieux, celui-ci fabrique un filet, fin comme la gaze et solide comme le diamant, et le place au-dessus du lit d'Aphrodite. Les deux amants se retrouvent enfermés dans le filet. Héphaïstos convoque ensuite l'assemblée des dieux, qui découvrent la scène avec amusement. Zeus intervient pour qu'Aphrodite et Arès soient libérés. La déesse de l'Amour s'enfuit alors vers Chypre et le dieu de la Guerre vers la Thrace. De leur union sont nés Éros, le dieu de l'Amour, et Antéros, le dieu de l'Amour réciproque, ainsi que Déimos (la Crainte), Phobos (la Terreur) et Harmonie.

Arès et Aphrodite. Fresque de Pompéi.

Dionysos

Bacchus

Dionysos est un dieu à part : errant, vagabond, séducteur, il parcourt le monde, mais fixe son culte à Thèbes, sa ville natale.

Le petit Dionysos sortant de la cuisse de Jupiter. Bas-relief romain.

Traqué par Héra

Afin de protéger le petit Dionysos de la fureur d'Héra, Zeus le confie à Hermès qui le place sous la protection du roi Athamas et de la reine Ino. Zeus leur conseille même d'habiller l'enfant en fille. Mais Héra retrouve sa trace et frappe de folie les époux royaux. Zeus emporte alors son fils loin de la Grèce, le transforme en chevreau et le confie à des nymphes, les Ménades, et à un satyre, Silène.

Sorti de la cuisse de Jupiter

La naissance de Dionysos est absolument miraculeuse. Sa mère, Sémélé, fille du roi de Thèbes, file le parfait amour avec Zeus, ce qui rend Héra folle de jalousie. Celle-ci réussit à convaincre Sémélé de demander à Zeus qu'il se montre à elle dans sa splendeur divine, avec la foudre et les éclairs. Évidemment, les éclairs foudroient aussitôt la jeune femme. Zeus n'a que le temps de sauver l'enfant qu'elle attend de lui pour le coudre dans sa cuisse. Trois mois plus tard, Dionysos, l'enfant "deux fois né", sort de la cuisse de son père.

L'expression "se croire sorti de la cuisse de Jupiter" trouve son origine dans la naissance exceptionnelle de Dionysos, et signifie "se juger supérieur aux autres".

Bacchus adolescent.
Caravage (fin XVIe s.).

Le culte du vin

Pendant son enfance dans les montagnes, Dionysos a découvert la vigne. Il devient le dieu du Vin et décide de le célébrer par de grandes fêtes. De retour à Thèbes, la ville natale de sa mère, il crée les Bacchanales, où l'on voit dans les cortèges des femmes en transe, les Bacchantes. Vêtues de peaux de bêtes, elles se livrent à des danses frénétiques en poussant de grands cris.

À quoi le reconnaît-on ?

La vigne

Le lierre

La panthère

Le thyrse

La corne d'abondance

Un cortège en délire

Dionysos se fait tirer par un char attelé de panthères et décoré de lierre et de vigne. Il est suivi d'un joyeux cortège où l'on trouve Silène, Priape, des créatures mi-hommes mi-boucs, les satyres, et les Ménades, animées d'une sorte de folie. Tous crient, dansent et jouent de la flûte ou du tambourin.

Bacchanale.
Peinture de N. Poussin (XVIIe s.).

Un châtiment sanglant

Arrivé en Thrace, Dionysos est fort mal reçu par le roi Lycurgue, qui retient même les Bacchantes prisonnières. Pour se venger, Dionysos le rend fou et Lycurgue tue son propre fils à coups de hache croyant couper la vigne, plante sacrée du dieu. Dionysos rend également stérile la terre de son pays. Un oracle ayant déclaré qu'il fallait tuer le roi pour que la terre redevienne fertile, ses sujets le font écarteler par des chevaux.

Sur l'Olympe

La puissance de Dionysos est reconnue par tous lorsqu'il métamorphose des pirates vendeurs d'esclaves en dauphins. Il gagne alors le droit de s'installer en dieu sur le mont Olympe, mais auparavant, il descend aux Enfers afin d'y délivrer sa mère, Sémélé, qui devient l'immortelle Thyonée.

Hadès

Pluton

Ses deux frères, Zeus et Poséidon, régnant sur le ciel et sur les eaux, Hadès choisit de gouverner les Enfers.

Un casque qui rend invisible

Assis sur un trône au fond des Enfers, Hadès gouverne sans pitié les âmes des morts, il tient un sceptre à la main mais surtout il porte un casque qui le rend invisible. Il a reçu ce casque des Cyclopes et le prête parfois, notamment à Athéna ou au héros Persée. Jamais Hadès n'autorise ses sujets, les morts, à revenir chez les vivants. Parmi les démons et les monstres à ses ordres figurent Charon ou Cerbère, le chien qui monte la garde à l'entrée des Enfers.

Le maître des Enfers

Le dieu des Morts et des Enfers règne sur un empire d'une noirceur et d'une tristesse démesurées, telle une prison immense. Épouvantés par les pouvoirs et la cruauté d'Hadès, les hommes n'osent même pas prononcer son nom, de peur de déclencher sa colère. Ils préfèrent lui donner des surnoms le faisant paraître moins redoutable. De même, on le représente avec une corne d'abondance puisqu'il est aussi le maître de la Terre qui porte les récoltes.

Hadès et Cerbère, son terrible chien à trois têtes. Sculpture en marbre de A. Pajou (XVIIIe s.).

Hadès enlevant Perséphone, peinture de N. Poussin (XVIIe s.).

Perséphone

Aux côtés d'Hadès règne sa femme Perséphone, tout aussi impitoyable. Perséphone est la fille de Zeus. Hadès réussit à l'entraîner avec lui aux Enfers grâce à une ruse : il lui offre à manger une graine de grenade. Or tous ceux qui mangent quelque chose aux Enfers ne peuvent plus revenir chez les vivants. Malgré tout, grâce à l'intervention de Zeus, à chaque printemps, Perséphone peut quitter les Enfers et passer six mois avec sa mère, Déméter. Pendant cette période, les jeunes pousses sortent de terre et s'épanouissent, comme la déesse. À l'automne, Perséphone doit disparaître à nouveau dans le royaume d'Hadès : c'est l'époque des semailles, des grains de blé enfouis dans la terre.

À Quoi le reconnaît-on ?

La corne d'abondance

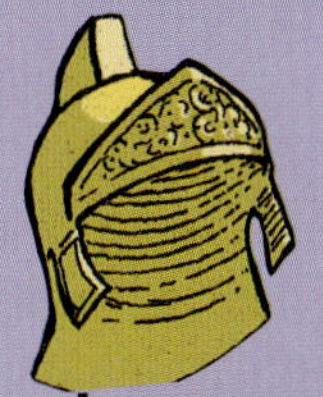

Le casque invisible

Les Enfers

Au plus profond de la Terre, au royaume d'Hadès et de Perséphone, les ombres des morts sont gardées par le chien à trois têtes, Cerbère.

1 Le Tartare, séjour des méchants

On appela d'abord Tartare la région du monde la plus profonde, placée au-dessous des Enfers eux-mêmes. Les dieux de l'Olympe y enfermèrent leurs premiers ennemis, les Titans. Mais peu à peu, on plaça le Tartare dans les Enfers. Il recevait les âmes des criminels morts qui subissaient la punition des fautes qu'ils avaient commises sur la Terre (comme Sisyphe, Tantale, Ixion).

2 L'Achéron

Le fleuve Achéron fut précipité par Zeus dans les Enfers pour avoir fourni de l'eau aux Titans assoiffés lorsqu'ils se révoltèrent contre les Olympiens. Les morts devaient le traverser sur la barque du hideux Charon pour parvenir aux Enfers. Ses eaux stagnantes étaient pleines de vase et de roseaux. L'Achéron naissait de la réunion des fleuves Cocyte, aux eaux glaciales, et Phlégéton, aux eaux brûlantes.

3 Les champs Élysées

À l'opposé du Tartare, se trouvaient les champs Élysées, un lieu de fêtes, un endroit lumineux aux paysages enchanteurs, qui accueillait les âmes des justes et des bons, en particulier les héros.

Scène des Enfers. Peinture de F. de Nome (XVIIe s.).

4 Le champ des Pleurs

En sortant de l'Achéron, les âmes de ceux qu'un désespoir d'amour avait conduits à la mort pouvaient demeurer un certain temps dans une plaine immense. Appelée le champ des Pleurs, elle menait, à droite, aux champs Élysées, à gauche, dans le Tartare.

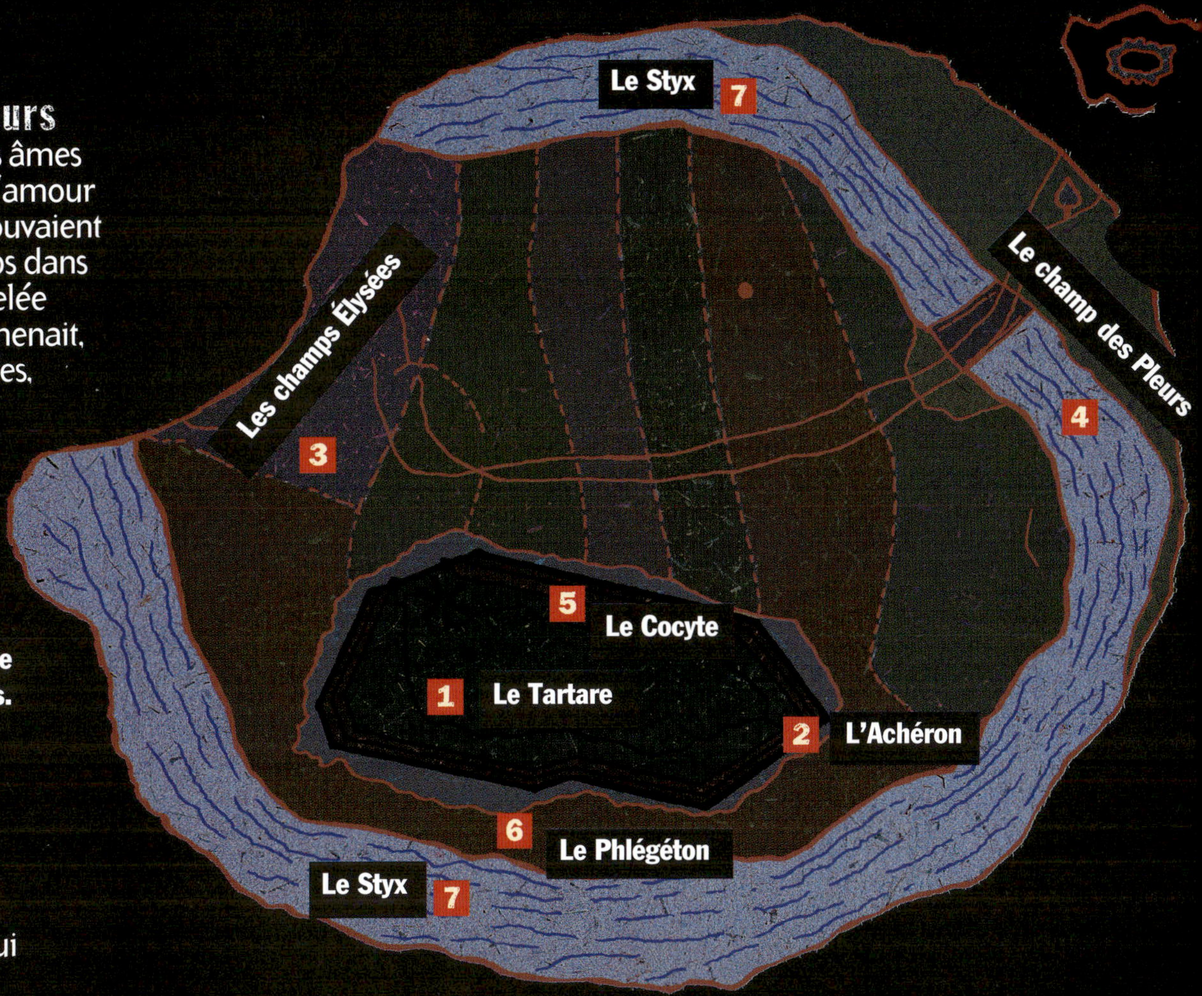

La carte des Enfers.

5 Le Cocyte

Le Cocyte était un fleuve qui roulait des eaux glaciales : elles étaient gonflées par les larmes des méchants coupables. Les âmes des morts privés de sépulture erraient sur ses rives en gémissant.

6 Le Phlégéton

Le Phlégéton était un fleuve de feu. Déméter l'utilisa pour transformer Ascalaphos, le fils d'Achéron, en hibou car il avait rapporté que Perséphone avait mangé une grenade aux Enfers, ce qui lui interdisait de revenir chez les vivants.

7 Le Styx

Les eaux inertes du Styx, qui entourait les Enfers, exhalaient des vapeurs nauséabondes. Le Styx était à l'origine une nymphe, fille d'Océan et de Thétis. Comme elle avait aidé Zeus dans sa lutte contre les Géants, il la dota de qualités magiques. C'est dans son eau que Thétis plongea Achille pour le rendre immortel. De plus, elle était garante des serments absolus formulés par les dieux qui devaient jurer en plaçant la main au-dessus d'une coupe d'eau du Styx. S'ils ne respectaient pas leur serment, ils étaient privés de souffle pendant un an, puis étaient exclus des réunions des dieux pendant neuf ans.

Charon

Charon était le passeur qui transportait les âmes des morts d'une rive à l'autre de l'Achéron. Il exigeait pour cela une pièce de monnaie, ou obole, que l'on avait pris soin de déposer dans la bouche des morts. Ceux que Charon refusait de prendre sur sa barque, et qu'il repoussait à coups d'aviron, erraient sur la rive pendant cent ans.

Le passage du Styx. Peinture de J. Patinir (Début XVIe s.).

2 LES HÉROS

Souvent nés d'un dieu ou d'une déesse, les héros ont un destin extraordinaire. Les plus grands sont Persée, Héraclès, Jason et Thésée.

Persée

Persée était le fils que Zeus avait eu avec Danaé. Mais, à la suite d'une prophétie, Acrisios, le père de Danaé, craignait d'être tué par son petit-fils.
Il enferma donc la mère et l'enfant dans un coffre qui fut jeté à la mer. Ils échouèrent sur une île où régnait le tyran Polydectès. Des années plus tard, l'horrible tyran voulut épouser Danaé et, pour éloigner Persée, il lui promit qu'il renoncerait à ce projet si Persée lui apportait la tête d'une Gorgone.
Des trois Gorgones, monstres dont la tête était entourée de serpents, seule Méduse était mortelle. Mais tous ceux qu'elles regardaient de leurs yeux étincelants étaient changés en pierres.

Persée et les trois Grées

Persée rencontra d'abord les trois Grées. Ces vieilles divinités monstrueuses ne possédaient, à elles trois, qu'une seule dent et un seul œil, qu'elles utilisaient à tour de rôle pour surveiller le chemin menant aux Gorgones. Persée réussit à les subtiliser. Pour les récupérer, il les oblige à lui révéler quels sont les objets qu'il doit avoir pour tuer Méduse : des sandales ailées pour voler au-dessus des monstres, le casque d'Hadès qui rend invisible pour échapper à leur vue et une besace magique pour y enfermer la tête de Méduse quand il l'aura coupée. Les nymphes possédaient tous ces objets et les lui remirent. Enfin, Persée, chaussé des sandales, s'envola vers les Gorgones qui, par bonheur, étaient endormies.

Aidé par Athéna

Athéna plaça au-dessus de la tête de Méduse un bouclier qui agit comme un miroir et l'immobilisa. Persée trancha alors la tête de la Gorgone avec la serpe d'acier donnée par Hermès et du corps décapité naquit Pégase, le cheval ailé. Persée enferma la tête de Méduse dans sa besace et s'enfuit dans les airs. Les yeux meurtriers des deux autres Gorgones, qui s'étaient réveillées, le cherchaient, mais en vain puisqu'il était invisible sous le casque d'Hadès.

Athéna remettant à Persée son bouclier pour combattre Méduse. R.A. Houasse (fin XVIIe s.).

Persée tenant la tête de Méduse qu'il vient de trancher. Sculpture de B. Cellini (XVIe s.).

Le sauveur d'Andromède

Au retour, il vit Andromède, attachée sur un rocher, condamnée à être dévorée par un monstre marin. Il tua le monstre, la délivra et l'épousa. Persée revint enfin chez Polydectès qu'il changea en statue grâce à la tête de Méduse. Il fit don de la tête à Athéna qui la plaça au centre de son bouclier. Puis il partit avec sa mère, enfin libre, vers sa terre natale, Argos. Un jour, alors qu'il participait à des jeux, il tua accidentellement son grand-père en lançant un disque. Ainsi s'accomplit la prophétie.

Persée à cheval sur Pégase délivrant Andromède. Peinture de J. Wtewael (XVIe-XVIIe s.).

Héraclès

Héraclès, Hercule pour les Romains, était le fils d'une mortelle, Alcmène, et de Zeus. C'est le type même du héros. Il aida les dieux de l'Olympe dans leur lutte contre les Géants et parcourut le monde pour le débarrasser des monstres et des assassins, si puissants et redoutables fussent-ils. Pour se venger de Zeus, Héra persécuta Héraclès toute sa vie. Bébé, il fut attaqué dans son berceau par deux énormes serpents. Loin d'en avoir peur, il les saisit pour jouer, et les étouffa. Plus tard Héra le frappa d'un accès de folie, au cours duquel il massacra sa femme et ses enfants. Désespéré, il consulta l'oracle de Delphes qui l'invita, pour expier sa faute, à se mettre au service du roi de Tirynthe, Eurysthée. Celui-ci lui imposa les célèbres "douze travaux".

Héraclès Farnese.
Copie romaine d'un marbre grec.

Héraclès bébé étouffant les serpents qu'Héra, jalouse, lui avait envoyés. Fresque de Pompéi.

Les 12 travaux d'Héraclès :

L'Hydre de Lerne

L'Hydre était une sorte de dragon à nombreuses têtes de serpent. Il fallait toutes les couper pour faire mourir la bête, mais elles repoussaient immédiatement. Héraclès fut aidé par l'un de ses compagnons qui brûlait avec un tison les cous coupés pour empêcher qu'ils repoussent. Puis il trempa ses flèches dans le sang de l'Hydre, pour les empoisonner.

Le lion de Némée

Ce monstre invulnérable dévorait les hommes et les bêtes. Comme ni ses flèches ni sa massue n'étaient venues à bout du fauve, Héraclès saisit à bras le corps ce lion géant et l'étrangla. Puis il l'écorcha et se revêtit de sa tête et de sa peau, qu'aucune flèche ne pouvait transpercer.

Le sanglier d'Érymanthe

Cette épreuve était d'autant plus rude qu'Eurysthée exigeait le sanglier vivant. Héraclès le força à monter dans la montagne, jusqu'à ce qu'il se trouve pris au piège de la neige. Puis il l'enferma dans un filet et l'apporta à Eurysthée. Ce dernier fut si effrayé qu'il se cacha dans un tonneau.

La biche de Cérynie

Héraclès devait capturer vivante cette biche merveilleuse aux cornes d'or, extrêmement rapide, qui appartenait à Artémis. Le héros la poursuivit en vain toute une année. Il finit par blesser légèrement l'animal épuisé et l'apporta vivant à Eurysthée.

Les oiseaux du lac Stymphale

Armés de serres et de becs métalliques, ces aigles immenses se nourrissaient des récoltes, mais aussi de chair humaine. Aidé par Athéna, qui lui donna des cymbales pour effrayer les rapaces, Héraclès les fit sortir de la forêt et les tua de ses flèches.

Les écuries d'Augias

Le roi Augias possédait un immense troupeau de 3 000 bœufs. Cependant, ses écuries n'avaient pas été nettoyées depuis trente ans et répandaient une terrible puanteur dans la région. Héraclès dut les laver en une seule journée ; il y réussit en détournant le cours de deux fleuves pour les faire passer au milieu des écuries.

Le taureau de Crète

Minos, roi de Crète, avait refusé de sacrifier ce superbe taureau blanc à Poséidon. Pour se venger, Poséidon rendit le taureau fou furieux : il dévastait les récoltes. Héraclès parvint à l'attraper par les cornes, à le dompter et à le ramener à Eurysthée.

Les juments de Diomède

Fils du cruel Arès, Diomède nourrissait ses juments de chair humaine. Héraclès le tua et le donna à dévorer, ce qui eut pour effet de les calmer.

La ceinture de la reine des Amazones

La fille d'Eurysthée désirait passionnément cette ceinture merveilleuse qu'Arès avait offerte à la reine des Amazones. Héraclès séduisit la reine, qui accepta de la lui donner ; mais Héra souleva les Amazones. Il dut se battre et tuer la reine pour emporter sa ceinture.

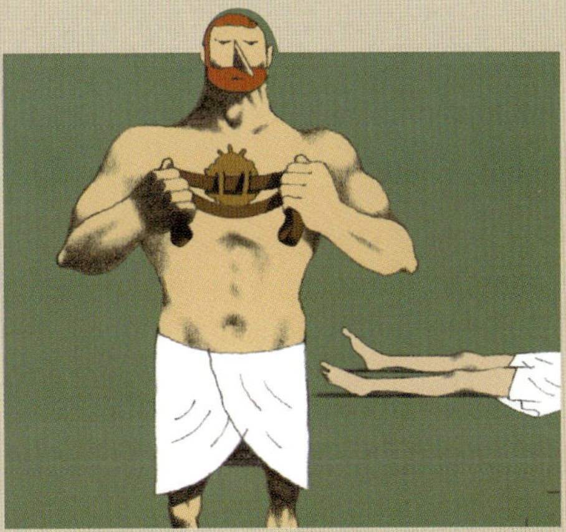

Les bœufs de Géryon

Ce géant à trois têtes et trois corps habitait très loin vers l'ouest. Il faisait garder son magnifique troupeau de bœufs par un chien à deux têtes. Héraclès partit en expédition, franchit le détroit de Gibraltar, y élevant deux colonnes pour laisser une trace de son passage. Mais, accablé par la chaleur, le héros menaça Hélios (le Soleil) de ses flèches. Pour l'apaiser, l'astre lui prêta un bateau d'or pour franchir l'Océan. Héraclès vainquit le monstre et captura ses bœufs.

Les pommes d'or des Hespérides

Ces fruits merveilleux, qu'Héra avait reçus lors de son mariage avec Zeus, étaient gardés dans un jardin enchanté par un dragon et par des nymphes, les Hespérides, filles du Géant Atlas. Comme Héraclès ne savait pas où les trouver, il s'adressa à Atlas, condamné à porter le ciel. Celui-ci proposa d'aller les chercher lui-même si Héraclès le remplaçait quelques instants. Atlas comptait bien se faire remplacer définitivement, mais Héraclès, sous prétexte de trouver une meilleure position, réussit à lui faire reprendre sa charge et il emporta les pommes.

Cerbère, le gardien des Enfers

Héraclès dut descendre aux Enfers pour capturer ce chien qui avait trois têtes. Hadès, amusé de son audace, autorisa Héraclès à essayer, à condition qu'il ne se serve d'aucune arme. Héraclès saisit alors le chien au cou, qui dressa sa queue hérissée de fer pour le frapper. Mais Héraclès, protégé par sa peau de lion, ne le lâcha pas et Cerbère, étouffé, dut céder. Épouvanté à la vue du monstre, Eurysthée, ordonna qu'il soit ramené aux Enfers.

L'enlèvement de Déjanire

Lors de son passage aux Enfers pour capturer Cerbère, Héraclès promit à l'âme du héros Méléagre d'épouser sa sœur, Déjanire. Auparavant, il dut affronter l'un de ses prétendants, le dieu-fleuve Achéloos, qui avait pris la forme d'un taureau. Il le battit en lui arrachant une corne. Quelques années plus tard, il tua sans le vouloir l'un des pages de son beau-père. Consterné, il s'exila avec sa femme. Pendant le voyage, ils furent contraints de traverser une rivière en pleine crue. Le Centaure Nessus leur assura qu'il était le passeur et proposa de faire traverser Déjanire à pied sec, tandis qu'Héraclès le ferait à la nage. Mais Nessus ne tint pas parole : il emporta Déjanire et tenta de la violer. Héraclès décocha alors une flèche dans la poitrine du Centaure.

Le mensonge de Nessus

En mourant, Nessus conseilla à Déjanire de prendre un peu de son sang, garantissant qu'il lui servirait à retenir son époux si jamais il tombait amoureux d'une autre femme. Toujours pendant ce voyage, Héraclès fut à nouveau pris d'une crise de démence, peut-être dictée par Héra, et il commit un crime. Il fut condamné à l'esclavage et vendu par Hermès à la reine de Lydie, Omphale. Il débarrassa son royaume des brigands et la reine, séduite, lui rendit la liberté. Héraclès revint auprès de Déjanire mais celle-ci devint jalouse d'une très belle jeune fille, Iole, qu'il avait gagnée lors d'un concours de tir à l'arc. Elle versa alors le sang du Centaure sur une tunique, et l'offrit à son mari.

La mort d'Héraclès

Mais Nessus avait menti : le sang était en réalité un poison violent, qui brûla si cruellement Héraclès qu'il ne put supporter la douleur et se suicida par le feu, avec l'aide de Philoctète, auquel il donna ses flèches. Zeus accorda alors l'immortalité à son fils, qui épousa Hébé et partagea désormais la table des dieux.

Déjanire enlevée par le Centaure Nessus. Peinture de Guido Reni (XVIIe s.).

Asclépios, le dieu guérisseur avec son bâton entouré du serpent. Statue romaine.

Le caducée est encore aujourd'hui l'emblème des médecins

Asclépios

Séduite par Apollon, la mère d'Asclépios ne connut jamais son fils. En effet, alors qu'elle attendait Asclépios, elle fut punie de mort par Apollon parce qu'elle lui avait été infidèle. Mais le dieu sauva l'enfant et le confia au Centaure Chiron, qui lui enseigna l'art de la médecine. Bientôt, Asclépios devint un médecin reconnu et guérit de nombreux malades. Il découvrit même le moyen de ressusciter les morts.

Un médecin trop habile

Asclépios ressuscitait tellement de morts qu'Hadès, le dieu des Enfers, eut peur de ne plus peupler son royaume. Zeus aussi commençait à s'inquiéter, car il craignait que l'ordre de l'univers n'en soit bouleversé. Il décida donc de foudroyer Asclépios. Fou de douleur et de colère, Apollon vengea la mort de son fils en tuant les Cyclopes qui forgeaient la foudre du dieu des dieux. Après sa mort, Asclépios fut transformé en une constellation appelée le Serpentaire, pour rappeler le caducée qu'il portait (bâton sur lequel un serpent était enroulé). Plus connu sous son nom latin, Esculape était pour les Romains le dieu de la Médecine.

Jason et la Toison d'or

Jason brava tous les périls pour conquérir la Toison, mais son épouse, Médée, transforma sa vie en tragédie.

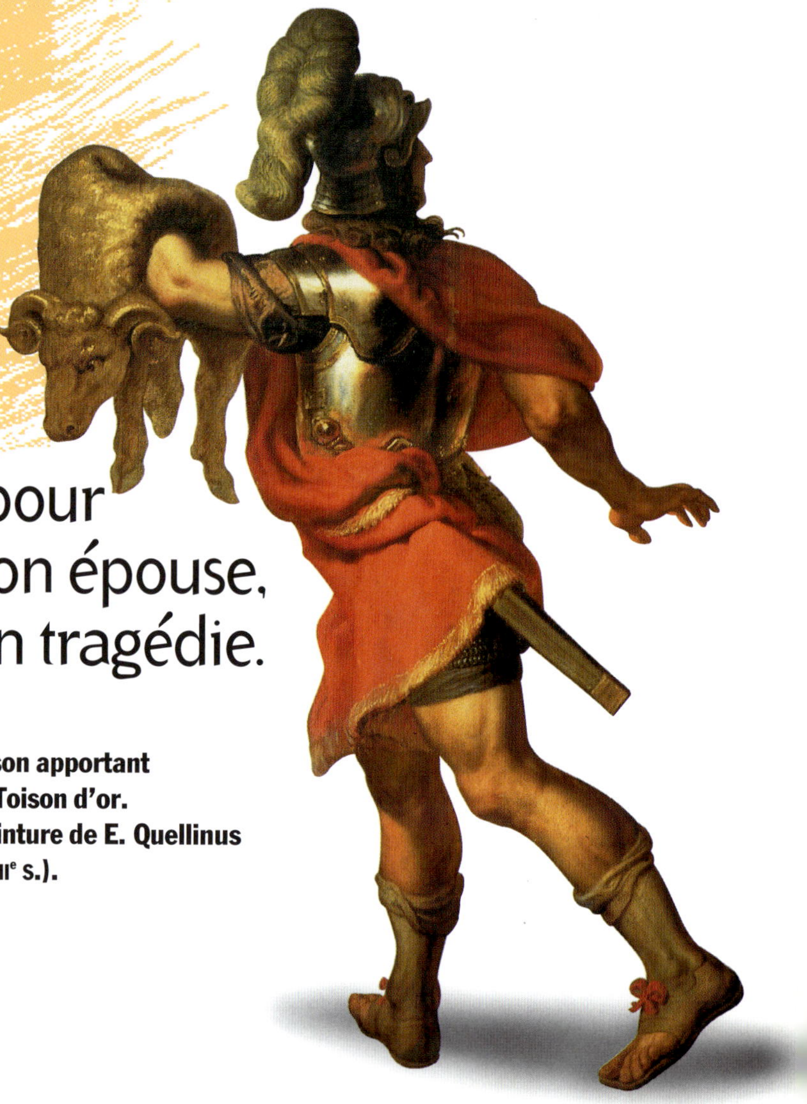

Jason apportant la Toison d'or. Peinture de E. Quellinus (XVIIe s.).

Élevé par Chiron

Jason était le fils d'Aeson, le roi de Iolcos, en Thessalie. Mais Aeson fut chassé du trône par son demi-frère, Pélias. On cacha Jason pour le protéger de son oncle. Il fut confié au Centaure Chiron, qui lui donna une éducation complète. Devenu grand et robuste, il voulut revenir sur sa terre natale pour rendre le pouvoir à son père.

Athéna aida Jason à conquérir la Toison d'or. Coupe étrusque (Ve s. av. J.-C.).

L'homme à la sandale

En chemin, il rencontra une vieille femme. Il l'aida à passer un torrent et perdit une sandale dans le courant. Il ignorait que cette femme était Héra. Pour le remercier, la déesse l'aida plusieurs fois par la suite. Jason se présenta devant Pélias avec une seule sandale au pied. Mais un oracle avait prévenu le roi imposteur qu'il serait détrôné par un homme qui n'aurait qu'une chaussure.

Une épreuve impossible

Pour éliminer Jason qui lui réclamait son royaume, Pélias décida de lui imposer une épreuve en espérant qu'elle lui serait fatale. Il promit à Jason de lui rendre le pouvoir s'il lui rapportait la Toison d'or. Mais la peau de ce bélier magique, consacrée au dieu Arès, et clouée à un chêne dans un bois sacré en Colchide, était gardée par un serpent-dragon féroce et qui ne dormait jamais.

Les amis de Jason

Jason accepta la mission. Pour l'aider dans cette expédition sans précédent des compagnons accoururent en grand nombre. Parmi eux, se trouvaient Orphée, le musicien, qui devait donner la cadence aux rameurs, les terribles jumeaux Castor et Pollux… et, au bout de peu de temps, ils étaient cinquante.

L'Argo et les Argonautes

Suivant les conseils d'Athéna, ils construisirent un formidable navire, le plus grand qu'on ait jamais vu, sous la direction de l'architecte Argos. Athéna l'aida dans cette tâche et lui donna même une poutre venue des forêts sacrées de Dodone pour former la proue. Cette poutre était douée de la parole et pouvait prophétiser. Quand le bateau fut terminé, on le baptisa *Argo*, en l'honneur de son constructeur. Les cinquante compagnons de Jason, les Argonautes, purent enfin s'embarquer. À chaque escale, ils rencontraient de nouveaux peuples qui tantôt les recevaient bien tantôt les combattaient. Ils aidèrent le devin Phinée à se débarrasser des Harpies, et il leur apprit comment passer les rochers qui écrasaient les bateaux à l'entrée de la Colchide.

La Toison d'or

Arrivés chez le roi Aiétès, qui gardait la Toison d'or, les Argonautes durent accepter un marché : Jason aurait à accomplir sans aucune aide deux épreuves en échange de la Toison. La première consistait à atteler deux taureaux monstrueux, qui soufflaient du feu. Puis il devait, avec cet attelage labourer un champ et y semer les dents d'un dragon. Jamais Jason n'aurait pu réussir si la fille du roi, Médée, qui était magicienne, ne l'avait aidé. Elle demanda à Jason de l'épouser. En échange, elle lui procura un baume magique qui protégeait le corps des brûlures et lui indiqua ce qu'il aurait à faire ensuite. Jason réussit à dompter les taureaux et à labourer le champ. De la terre qu'il venait de labourer surgit une moisson d'hommes armés. Selon les conseils de Médée, Jason lança au milieu des soldats géants une pierre. Ils s'accusèrent mutuellement et s'entre-tuèrent. Médée endormit le dragon qui gardait la Toison et s'enfuit avec Jason en enlevant son jeune frère, Apsyrtos. Aiétès se lança à leur poursuite. Pour le retarder, Médée tua son frère et dispersa ses membres sur la mer.

Les Argonautes en danger

Pour ce crime, les Argonautes essuyèrent une tornade, signe de la colère de Zeus, et durent se purifier chez la magicienne Circé, tante de Médée. Puis ils croisèrent les Sirènes qui attiraient les marins vers la mort : Orphée chanta pour couvrir leurs voix. Ils passèrent avec succès entre les rochers de Charybde, qui avalait les navires, et de Scylla, qui avait six chiens sanguinaires attachés à la taille.

Les Argonautes réussirent à échapper aux terribles monstres Charybde et Scylla. Gravure du XIXe s.

Le terrible Talos

Ils voulurent alors aborder en Crète, mais ils se heurtèrent à un géant nommé Talos, un robot créé par Héphaïstos pour garder l'île. Talos lançait de loin d'énormes rochers contre les navires qui s'approchaient. Et, trois fois par jour, il faisait le tour de l'île. Ce géant invulnérable avait pourtant un point faible : un clou était planté dans sa cheville et sa vie en dépendait. Grâce à un sortilège dont elle avait le secret, Médée parvint à le tuer en lui retirant ce clou.

Le géant Talos, vu par Hollywood. Image du film *Jason et les Argonautes*.

Pélias,
tué à petit feu

Revenu à Iolcos avec la Toison, Jason remit son trophée à Pélias qui, bien sûr, n'était guère décidé à lui rendre le pouvoir. Médée échafauda alors une vengeance et fit courir le bruit auprès des filles de Pélias qu'elle connaissait un secret pour rendre la jeunesse. Afin de les appâter, elle jeta un vieux bélier dans une marmite bouillante. Il se transforma en agneau. Fascinées, les naïves jeunes filles découpèrent alors leur père Pélias en morceaux qu'elles jetèrent dans le chaudron.

La colère de Médée

À la suite de ce meurtre, Jason et Médée se réfugièrent à Corinthe, chez le roi Créon. Ils eurent deux enfants. Mais Jason se lassa de Médée et tomba amoureux de Glaucé, la fille de Créon. Trahie, humiliée, désespérée, Médée entra dans une fureur inimaginable. Elle envoya une robe de mariée et des bijoux empoisonnés à Glaucé : dès que celle-ci les enfila, la robe s'enflamma et le poison brûlant la tua. Créon, qui s'était approché d'elle pour la secourir, fut lui aussi brûlé vif par les flammes. L'incendie se répandit à toute allure et brûla la ville entière. Pendant ce temps, Médée assassinait ses propres enfants pour punir leur père de l'avoir abandonnée. Après ces crimes abominables, elle s'envola sur un char magique, tiré par des chevaux ailés, que lui avait offert le dieu du Soleil, son grand-père, et disparut. Jason, quant à lui, récupéra enfin son royaume.

Abandonnée par Jason, Médée tua ses enfants. Peinture de E. Delacroix (XIXe s.).

Thésée

Thésée et le Minotaure dans le Labyrinthe. Mosaïque romaine.

Thésée est le plus célèbre des héros athéniens. Son père humain était le roi d'Athènes, son père divin, Poséidon.

Thésée combattant un centaure. Sculpture en marbre de A. Canova (XVIIIe s.).

Un prince caché

Redoutant la jalousie de ses neveux, le père de Thésée, le roi d'Athènes Égée, avait demandé à sa femme de garder son fils auprès d'elle sans lui révéler son identité. Égée avait caché sous un rocher des sandales et une épée que Thésée devait lui apporter dès qu'il serait en mesure de soulever le rocher. À seize ans, Thésée s'arma de l'épée, chaussa les sandales et partit retrouver son père, à Athènes. Reconnu par Égée, il lutta ensuite victorieusement contre les cinquante fils de Pallas, le frère d'Égée, qui réclamaient le trône d'Athènes.

Prêt pour le sacrifice

Devenu l'héritier du royaume, Thésée décida de mettre fin aux sacrifices humains exigés par le roi de Crète, Minos. En effet, chaque année, Athènes devait envoyer en Crète sept jeunes gens et sept jeunes filles pour les livrer au Minotaure, le monstre à la tête de taureau qui vivait dans le Labyrinthe. Thésée se porta volontaire. Son père lui offrit deux voiles pour son navire, l'une blanche, signe de vie, l'autre noire, signe de mort. Thésée hissa la noire à son départ et promit de fixer la voile blanche s'il revenait sain et sauf. En Crète, la fille de Minos, Ariane, tomba amoureuse de Thésée au premier regard.

Le Minotaure

Monstre au corps d'homme et à la tête de taureau, le Minotaure était né des amours de la femme de Minos, Pasiphaé, et du taureau que Poséidon avait offert à son époux. Minos tint absolument à dissimuler un être aussi honteux et demanda au grand architecte Dédale de construire un immense Labyrinthe. De ce palais aux couloirs tortueux personne ne pouvait sortir. Il y enferma le Minotaure.

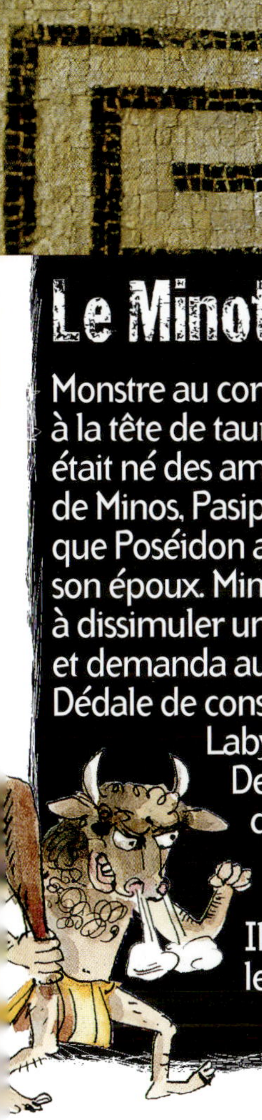

Désobéissant à son père, Icare s'approcha trop près du Soleil, faisant ainsi fondre ses ailes en cire. Peinture de J. P. Gowy (XVIIe s.).

Le fil d'Ariane

Ariane connaissait par Dédale, le constructeur du Labyrinthe, la solution pour ne pas se perdre. Elle remit à Thésée une pelote de fil qu'il devait dérouler derrière lui pour retrouver son chemin. Après avoir assommé le monstre, Thésée suivit le fil d'Ariane pour ressortir. Il s'enfuit avec la jeune fille et l'épousa, mais comme ils s'étaient arrêtés sur l'île de Naxos, il y abandonna Ariane. Dans la joie du retour à Athènes, Thésée oublia de hisser la voile blanche de son navire. Voyant au loin la voile noire, Égée crut à la mort de son fils. Désespéré, il se jeta dans la mer qui porte aujourd'hui son nom. Quant à Dédale, il fut emprisonné par Minos dans le Labyrinthe avec son fils Icare. Pour s'en échapper, Dédale fabriqua des ailes qu'il fixa avec de la cire. Tout heureux de voler, Icare n'écouta pas son père et s'approcha trop près du soleil. La cire fondit et Icare tomba dans la mer.

Thésée aux Enfers

Roi d'Athènes et de toute la Grèce, Thésée devint un grand homme politique et instaura la démocratie dans sa cité. Il eut un fils, Hippolyte, avec une Amazone. Puis il épousa Phèdre, qui tomba éperdument amoureuse d'Hippolyte, mais celui-ci la repoussa, provoquant une tragédie qui se termina par la mort d'Hippolyte et de Phèdre. Thésée et son ami Pirithoos jurèrent ensuite d'épouser chacun une fille de Zeus. Thésée enleva la jeune Hélène avec l'aide de Pirithoos. Puis, en retour, il aida son ami qui choisit Perséphone, bien qu'elle soit mariée à Hadès. Ils descendirent aux Enfers, où le dieu les invita à sa table, mais un sortilège les retint prisonniers de leur chaise. Pirithoos demeura là-bas à jamais. Thésée put être libéré grâce à Héraclès, venu chercher Cerbère .

Les monstres

Les plus inquiétants des monstres sont ceux qui tiennent à la fois de l'homme, de l'animal et des dieux.

Les Centaures

Ces êtres au buste d'homme terminé par des pattes de cheval étaient violents et sauvages. Ils vivaient au fond de la forêt et se nourrissaient de chair crue. Ils aimaient aussi le vin et les femmes. Invités au mariage de Pirithoos, roi des Lapithes, ils s'enivrèrent et voulurent violer la jeune mariée. S'ensuivit un combat épouvantable entre les Lapithes et les Centaures.

Chiron

Ce Centaure n'avait pas le caractère cruel des monstres. Célèbre pour sa science de la médecine et de la guerre, il recueillit et éduqua dans sa grotte de nombreux héros, dont Achille et Asclépios, futur dieu de la Médecine. Il était immortel, mais Héraclès le blessa par mégarde. Il souffrait tellement qu'il pria Zeus de le faire mourir et offrit son immortalité à Prométhée.

Le Centaure Chiron apprenant à Achille à jouer de la lyre. Peinture italienne du XVIIIe s.

Charybde et Scylla

Pour punir Charybde, une jeune fille qui avait dévoré des animaux appartenant à Héraclès, Zeus la transforma en monstre marin qui attirait les navires et les engloutissait dans un gouffre. Scylla était aussi une belle jeune fille. Elle avait provoqué la colère de la magicienne Circé et fut changée en un monstre de la mer. Le bas de son corps était entouré d'une meute de six chiens hurlants et féroces. Charybde et Scylla se trouvaient face à face dans le détroit séparant la Sicile de l'Italie. Elles dévoraient les marins et les bateaux. Pour échapper à l'un, les malheureux se précipitaient dans la gueule de l'autre.

Méduse

Méduse était la seule Gorgone mortelle. Elle fut tuée dans son sommeil par Persée qui, pour éviter son regard pétrifiant, se servit de son bouclier comme d'un miroir, et lui trancha la tête. Il l'apporta ensuite à Athéna qui la fixa sur son bouclier et l'utilisa pour neutraliser ses ennemis.
Selon une autre légende, Méduse avait été une jeune fille, Gorgo, si fière de sa chevelure qu'elle la trouvait plus belle que celle d'Athéna. Pour la punir, la déesse avait métamorphosé ses cheveux en serpents, et fait de Gorgo... une Gorgone.

Méduse. Peinture du Caravage (XVIIe s.).

Le Sphinx

Buste de femme, corps de lion, ailes de vautour, queue de dragon : ce monstre s'était installé au sommet d'un rocher, près de Thèbes, et arrêtait les voyageurs pour leur poser cette énigme : "Quel est l'animal qui a quatre pattes le matin, deux à midi et trois le soir ?" Aucun ne trouvait la réponse et le Sphinx les dévorait tous. Tous sauf Œdipe, qui trouva immédiatement la solution : l'homme. Alors le Sphinx se jeta dans le vide et se tua.

Terre cuite grecque.

Être **médusé** signifie être frappé de stupeur.

Les Gorgones

Ces trois monstres (Sthéno, Euryalé et Méduse) habitaient près du royaume des morts et avaient des ailes d'or, des mains de bronze, des défenses de sanglier et la tête hérissée de serpents. Tous ceux qui croisaient leur regard étaient aussitôt changés en pierres.

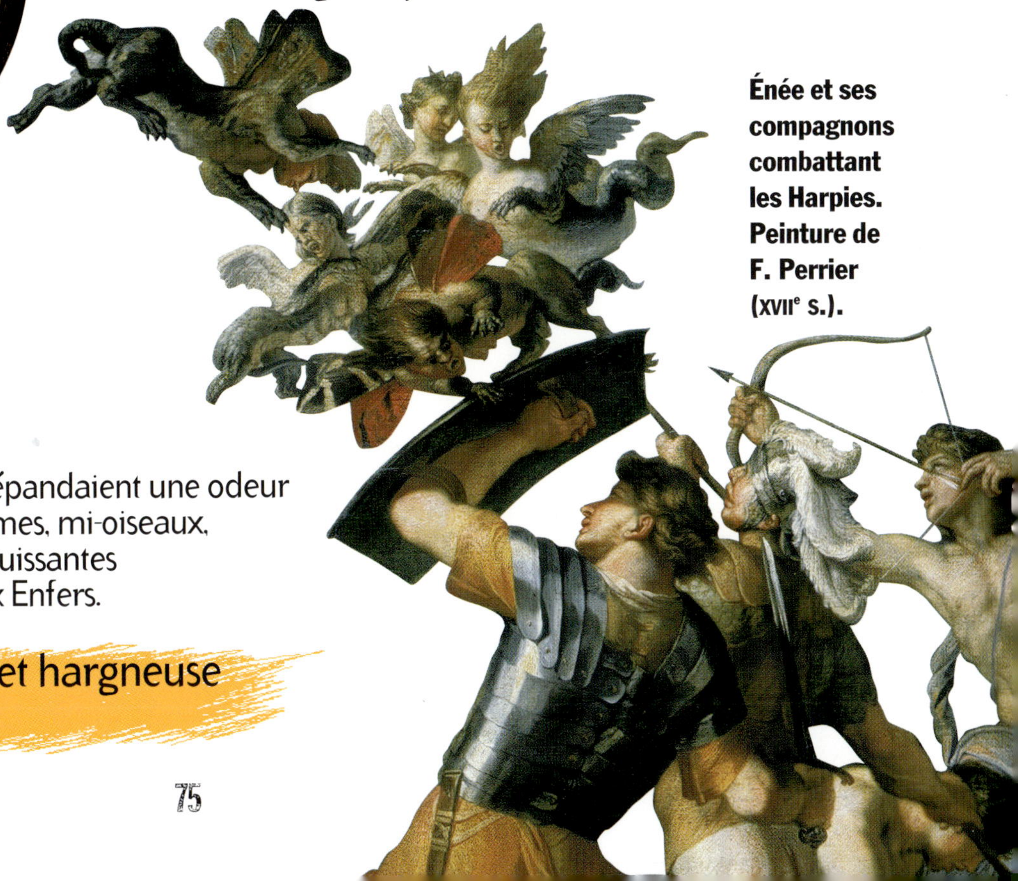

Énée et ses compagnons combattant les Harpies. Peinture de F. Perrier (XVIIe s.).

Les Harpies

Le nom de ces trois monstres ailés qui répandaient une odeur infecte signifie "les Ravisseuses". Mi-femmes, mi-oiseaux, elles étaient dotées de serres aiguës et puissantes qui emportaient les âmes des morts aux Enfers.

On dit d'une femme agressive et hargneuse qu'elle est une vraie **harpie**.

Les créatures extraordinaires

Ces créatures surnaturelles pouvaient se révéler merveilleuses par leur beauté ou monstrueuses et redoutables.

La Chimère. Bronze étrusque.

La Chimère

Horrible créature à tête de lion et corps de chèvre, dotée d'une queue de serpent, ce monstre crachait le feu et dévorait les hommes. Bellérophon lui enfonça dans la gueule une flèche en plomb qui fondit au contact du feu et brûla la Chimère jusqu'aux os.

Héraclès tuant l'Hydre de Lerne.

Les oiseaux du lac Stymphale

Le lac Stymphale abritait une multitude de rapaces monstrueux. Le bec, les serres et les ailes de ces oiseaux étaient en acier. Ils se nourrissaient de chair humaine et leur fiente empoisonnée détruisait les récoltes. Héraclès les fit s'envoler en les assourdissant avec des cymbales et les tua avec ses flèches.

L'Hydre de Lerne

Ses neuf têtes de serpents venimeux montées sur un corps de serpent non seulement dégageaient une haleine pestilentielle, mais elles repoussaient au fur et à mesure qu'on les coupait. Héraclès réussit à tuer l'Hydre en tranchant enfin la tête qui la rendait immortelle.

Pégase et une Muse. Émail de Van Blarenberghe (XVIIIe s.).

Pégase

Ce cheval aux ailes d'or était le fils de Poséidon et de la Gorgone Méduse. Lorsque Persée coupa la tête de Méduse, Pégase s'échappa de son cou. Ce cheval aussi rapide que le vent rapportait la foudre à Zeus. Il fut dompté par Bellérophon, un autre fils de Poséidon, qui multiplia les prouesses : il tua la Chimère, massacra les Amazones, mais, lorsqu'il voulut monter jusqu'à l'Olympe, Pégase le jeta dans le vide.

Phénix

Cet oiseau légendaire aux couleurs vives et chatoyantes renaissait de ses propres cendres. Il ne pouvait pas se reproduire car il n'existait pas de femelle de son espèce, mais, lorsqu'il sentait sa mort proche, il se couchait dans un nid, y mettait le feu et naissait une nouvelle fois.

On dit d'une personne qu'elle est un **Phénix** lorsqu'elle est dotée de qualités exceptionnelles.

Le Phénix. Mosaïque romaine.

Cerbère

Ce monstre féroce était enchaîné à la porte des Enfers. Il en défendait l'accès aux vivants mais surtout, il était chargé d'y garder les morts prisonniers, interdisant à quiconque d'en sortir. Il possédait trois têtes de chien et son cou était hérissé de serpents. Orphée, descendu chercher sa belle Eurydice aux Enfers, parvint à l'endormir par la magie de sa musique. Mais seul Héraclès put le battre grâce à sa force exceptionnelle.

Héraclès domptant Cerbère, le terrible gardien des Enfers. Vase grec.

LA GUERRE DE TROIE

3 LA GUERRE DE

La guerre de Troie est un violent conflit mené dix ans durant par les Grecs pour reprendre la belle Hélène aux Troyens. C'est une extraordinaire épopée à laquelle les dieux eux aussi participèrent.

L'enlèvement d'Hélène. Peinture de G. Hamilton (XVIIIe s.)

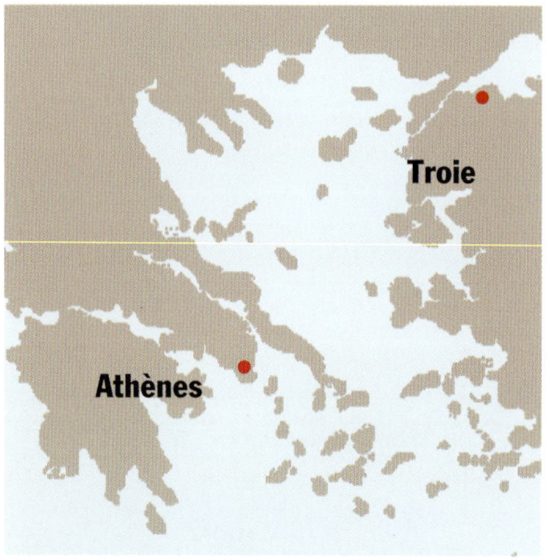

Aujourd'hui disparue, Troie était située dans l'actuelle Turquie.

Le prince Pâris était le plus jeune fils de Priam et d'Hécube, le roi et la reine de Troie. Pâris quitta Troie pour visiter la Grèce. À l'époque, Troyens et Grecs étaient des peuples frères possédant la même langue, les mêmes dieux... Pâris fut reçu par le roi de Sparte, Ménélas, époux d'Hélène qui selon les dieux eux-mêmes, était la plus belle femme de la Grèce.

La pomme de la discorde

Un concours de beauté entre trois déesses est à l'origine de cette rencontre fatale. Lors des noces de Pélée et de Thétis (les parents d'Achille), Éris, la déesse de la Discorde, pour se venger de ne pas avoir été invitée, lança sur la table une pomme d'or portant l'inscription "À la plus belle".

Le Jugement de Pâris (détail). Peinture de P. P. Rubens (XVIIe s.).

TROIE

Aussitôt, les trois déesses présentes, Athéna, Héra et Aphrodite, prétendirent mériter la pomme. Zeus leur proposa de recourir au jugement d'un mortel et choisit Pâris.

Le jugement de Pâris

Les trois déesses se présentèrent devant lui totalement nues. Héra lui promit de devenir roi de toute l'Asie ; Athéna lui offrit la sagesse et la gloire ; et Aphrodite, l'amour de la plus belle des mortelles : Hélène. Pâris donna la pomme à Aphrodite qui tint sa promesse et l'aida à enlever Hélène pendant que Ménélas était parti à un enterrement.

Au secours de Ménélas

Lorsque Ménélas s'aperçut que sa femme avait disparu, il rassembla tous les princes grecs, anciens prétendants d'Hélène, et leur rappela le serment qu'ils avaient prêté à Tyndare, le père d'Hélène. Celui-ci leur avait fait promettre de toujours porter secours à sa fille. C'est donc toute la Grèce qui se rassembla dans le port d'Aulis pour participer à l'expédition destinée à reprendre Hélène et à venger Ménélas. Il y avait là les rois et princes grecs les plus importants : Ajax le Grand, le vaillant Diomède, le sage Nestor, l'industrieux (rusé et intelligent) Ulysse, roi d'Ithaque, Achille l'invulnérable, roi des Myrmidons, et son ami Patrocle, ainsi que le fier Agamemnon, roi d'Argos et frère de Ménélas, que l'on désigne comme le chef de l'expédition, le roi des rois.

Le sacrifice d'Iphigénie. Fresque de Pompéi.

Le sacrifice d'Iphigénie

L'expédition commença mal, ou plutôt elle ne commença pas : les vents qui auraient dû pousser les navires vers Troie soufflaient dans le mauvais sens. On consulta le devin Calchas et sa réponse fut cruelle : Artémis était en colère et exigeait le sacrifice de la jeune Iphigénie, la propre fille d'Agamemnon. En effet, Agamemnon s'était vanté d'être meilleur chasseur que la déesse. Après de terribles hésitations Agamemnon, sous la pression de

Agamemnon s'apprêtant à partir pour la guerre de Troie. Vase grec.

l'armée impatiente et poussé par son propre orgueil, accepta de sacrifier sa fille. Il fit venir Iphigénie au camp sous prétexte de la marier à Achille et la porta sur l'autel d'Artémis. Mais la déesse, prise de pitié, la remplaça par une biche et l'enleva pour en faire sa prêtresse. Les vents favorables se levèrent aussitôt, poussant la magnifique flotte de mille navires vers Troie. Si la gloire fut bien au rendez-vous pour Agamemnon, la mort aussi, car Clytemnestre, la mère d'Iphigénie, ne lui pardonna pas ce crime.

Dix ans de combats acharnés

Arrivés sur la côte, près de l'embouchure d'un fleuve, les Grecs établirent leur camp. Le plus difficile restait à faire : Troie était entourée de remparts construits de main divine ; ses guerriers, et surtout leur chef, Hector, étaient aussi nombreux et valeureux que les guerriers grecs. De plus, Troie était puissamment protégée par Aphrodite, Arès et Apollon. De leur côté, les Grecs recevaient l'aide de Poséidon, d'Héra, et d'Athéna (qui n'oubliaient pas que Pâris leur avait préféré Aphrodite et Héphaïstos) . Zeus, qui tentait de rester neutre, avait fort à faire pour que la guerre ne gagne pas l'Olympe ! Pendant neuf ans, victoires et défaites se succédèrent de part et d'autre, mais la dixième année, celle que raconte Homère dans *L'Iliade*, fut décisive.

La colère d'Achille

Lors d'une bataille, Agamemnon enleva Chryséis, la fille d'un prêtre d'Apollon. Le malheureux père implora Apollon qui répandit la peste dans le camp grec. La situation devint si catastrophique qu'Agamemnon dut se résigner à rendre Chryséis ainsi que le recommandait le devin Calchas. Il exigea en contrepartie qu'on lui remette la jeune Briséis, prisonnière d'Achille.

Les combats de la guerre de Troie. Peinture d'Antonio di Biagio (fin XVe s.).

Or Achille en était tombé amoureux. Fou de colère contre Agamemnon, il décida de "se retirer sous sa tente", avec son ami Patrocle, refusant ainsi de continuer le combat quitte à laisser périr les Grecs.

La mort de Patrocle

Une furieuse bataille s'engagea entre les deux armées, à laquelle Achille ne participa effectivement pas. Pour mettre fin au conflit, Ménélas provoqua Pâris en duel mais à l'instant où Ménélas allait l'étrangler, Aphrodite enveloppa Pâris dans un nuage et le transporta dans la chambre d'Hélène. Le combat général reprit alors de plus belle. Du côté grec, les frères d'Achille, Ajax le Grand et Diomède s'illustrèrent. Diomède blessa le dieu Arès au bas-ventre, et Aphrodite, à la main. La chance quittait les Troyens. Hector se lança alors dans la bataille, après avoir dit adieu à sa femme, Andromaque, en larmes, et à son jeune fils. Les innombrables exploits d'Hector redonnèrent courage aux Troyens, qui réussirent à repousser les Grecs jusqu'à leurs navires. Le lendemain, les Grecs étaient sur le point d'être définitivement vaincus lorsque Patrocle décida finalement de leur porter secours et de participer au combat avec les armes d'Achille. Celui-ci ayant accepté de les lui prêter, Patrocle affronta Hector mais ne put rien faire contre le plus redoutable guerrier troyen. Hector tua Patrocle et s'empara des armes d'Achille.

La terrible vengeance d'Achille

La douleur d'Achille fut atroce : pour venger son ami, il se jeta dans le combat, décidé à tuer Hector. Sa mère, Thétis, lui prédit qu'il mourrait peu après mais cela lui était égal. Il revêtit une nouvelle armure, forgée par Héphaïstos. Tous les dieux participèrent aussi au combat. Sachant l'heure de sa mort arrivée, Hector fit trois fois le tour de la ville, poursuivi par Achille. Il décida finalement de lui faire face. Achille transperça Hector à la gorge avec sa lance : dès lors, Troie était inexorablement vouée à la destruction.
Les Troyens virent avec horreur Achille traîner le cadavre d'Hector derrière son char tout autour de leurs remparts, s'apprêtant à l'abandonner aux chiens, tandis qu'il organisait des funérailles solennelles pour son ami Patrocle. Mais les dieux ne pouvaient permettre plus longtemps une telle impiété : ils firent en sorte qu'Achille accepte de rendre le corps de son fils au vieux roi de Troie, Priam.

La mort de Patrocle. Copie romaine d'une statue grecque.

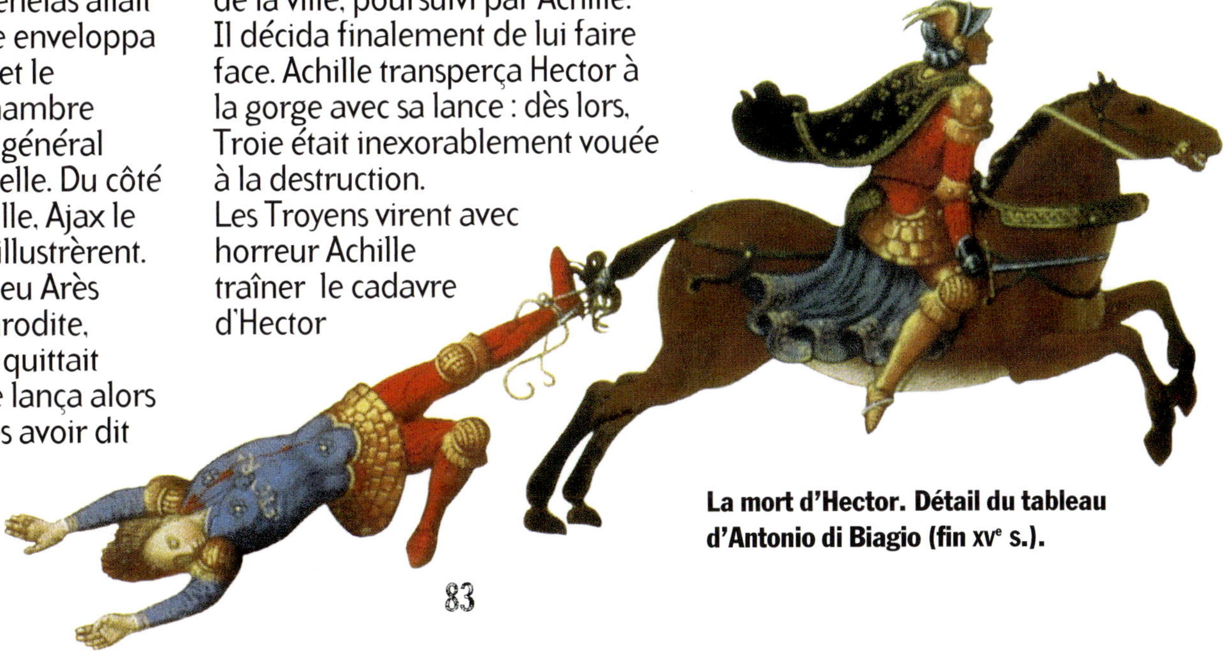

La mort d'Hector. Détail du tableau d'Antonio di Biagio (fin XVe s.).

Le talon d'Achille

Les prédictions se réalisèrent : Achille mourut à son tour. Pâris lui envoya une flèche qui, guidée par Apollon, atteignit le seul point où il était vulnérable, son talon. Pour hériter de ses armes, deux chefs entrèrent en compétition : Ajax le Grand et Ulysse. Ulysse l'emporta, ce qui provoqua chez Ajax une sorte de folie furieuse qui le mena au suicide. La situation était toujours incertaine. Les Grecs, lassés, consultèrent un devin. Il leur révéla qu'ils ne pourraient vaincre qu'avec l'aide de Néoptolème (dit aussi Pyrrhos), le fils d'Achille... et de Philoctète, qui avait reçu l'arc et les flèches empoisonnées d'Héraclès à la mort de celui-ci. Ulysse, chargé de les convaincre, donna à Néoptolème l'armure de son père. Mais Philoctète fut plus difficile à persuader. Les Grecs l'avaient abandonné depuis dix ans sur une île déserte car il avait été mordu par un serpent, et sa blessure sentait si affreusement mauvais qu'ils n'avaient pu le garder à bord d'un navire. L'habile Ulysse réussit dans cette mission difficile et la première victime des flèches de Philoctète fut Pâris.

Le cheval de Troie. Détail d'une miniature du XVe s.

Le cheval de Troie

Les Grecs finirent par comprendre qu'ils ne viendraient à bout de Troie que par la ruse. Ulysse inventa alors un plan compliqué : il fit construire en secret un immense cheval de bois dans lequel pouvaient se cacher plusieurs guerriers. Les Grecs firent semblant de reprendre la mer après avoir fait une offrande à Athéna, le cheval, et laissèrent derrière eux un des leurs qui devait se faire passer pour un traître. En fait, celui-ci était chargé d'amener les Troyens, par d'habiles mensonges, à faire entrer ce cheval à l'intérieur des remparts. Malgré les appels à la prudence de Cassandre et de Laocoon, les Troyens "dans l'allégresse et en chantant, firent entrer la mort, la trahison et la ruine" dans leur ville. Pendant la nuit, les héros grecs – Ulysse, Néoptolème, Ménélas – sortirent de leur cachette et ouvrirent les portes de Troie à leurs compagnons.

La chute de Troie

Les Grecs allumèrent un peu partout des incendies et commencèrent le massacre méthodique des Troyens : nul ne fut épargné. Priam fut exécuté dans son palais par Néoptolème tandis que le jeune fils d'Hector, Astyanax, était jeté du haut des remparts. Seuls en réchappèrent Énée et son vieux père Anchise. Aphrodite, la mère d'Énée, l'aida à rejoindre un bateau qui les emporta loin vers l'ouest. Les femmes furent réduites en esclavage et devinrent la propriété des chefs de guerre grecs : Cassandre fut donnée à Agamemnon, Andromaque à Néoptolème. Le seul bonheur dans cet amas de ruines et de souffrances fut celui de Ménélas retrouvant Hélène, si belle qu'il lui pardonna tout.

L'incendie de Troie par les Grecs. Peinture de Pieter Schoubroeck (XVIe s.).

De difficiles retours

Ayant triomphé, les Grecs espéraient bien revenir le plus vite et le plus heureusement possible chez eux. Mais les dieux en avaient décidé autrement. Les partisans de Troie étaient résolus à leur faire payer chèrement leur victoire. De plus, les Grecs se mirent aussi à dos ceux qui avaient été leurs alliés, Athéna et Poséidon, car ils n'avaient pas respecté leurs temples lors de la prise de Troie. Le retour des héros fut donc difficile, et même le plus souvent tragique. Ils essuyèrent d'abord une effroyable tempête. Ménélas fut emporté jusqu'en Égypte et mit près de huit ans à retrouver sa patrie. À son retour, Néoptolème périt assassiné pour une femme. Agamemnon fut aussitôt tué (ainsi que Cassandre) par sa femme, Clytemnestre, qui avait juré de venger le sacrifice de sa fille Iphigénie, ce qui provoqua des tragédies en chaîne. Le retour le plus difficile et le plus célèbre fut celui d'Ulysse, qu'Homère a raconté dans L'*Odyssée* (car Ulysse se dit en grec *Odysseus*).

Le clan des Grecs

Achille, mi homme, mi dieu, est le principal héros grec, modèle du guerrier courageux, mort en pleine jeunesse, mais éternellement glorieux.

Thétis tenant son fils Achille par le talon pour le tremper dans le Styx. Peinture de P. P. Rubens (XVIIe s.).

Achille. Statue en bronze du XIXe s.

Le talon d'Achille

Achille était le fils de la déesse marine Thétis et du roi Pélée. Pour rendre son fils immortel, Thétis l'avait trempé dans les eaux du Styx, le fleuve des Enfers, en le tenant seulement par le talon. Achille était désormais invulnérable, insensible aux blessures… sauf au talon. Éduqué par le sage centaure Chiron, Achille partagea ses années d'enfance avec Patrocle et ils furent toute leur vie aussi proches que des frères. Pendant la guerre de Troie, Achille se révéla un guerrier redoutable jusqu'au moment où, par amour pour sa prisonnière Briséis, il refusa de continuer à combattre. Seule la mort de Patrocle fit revenir Achille au combat. Protégé par une armure forgée par Héphaïstos, il se vengea en tuant Hector et le traîna en hurlant autour de la ville de Troie pendant douze jours. Achille tua également la reine des Amazones, Penthésilée, venue prêter main-forte aux Troyens… mais il la trouva si belle et si fière qu'il en tomba amoureux et pleura longtemps sur son cadavre. Achille n'assista pas à la victoire de son camp : Pâris lui décocha une flèche qui, sur l'intervention d'Apollon, atteignit très exactement son seul point vulnérable, le talon.

Diomède

Ancien prétendant d'Hélène et compagnon d'Ulysse, Diomède aida celui-ci à réunir les combattants pour prendre Troie. Il fut parmi ceux qui persuadèrent Agamemnon de sacrifier sa fille Iphigénie pour pouvoir partir. À Troie, il ne fut jamais vaincu, que ce soit par Hector ou Énée, ni même par les dieux Arès et Aphrodite (qu'il blessa). Comme pour nombre des héros de cette guerre, son retour fut douloureux ; il découvrit que sa femme l'avait trompé, et s'exila.

Patrocle

Tout jeune, Patrocle tua l'un de ses camarades dans un accès de colère et s'enfuit. Recueilli par le roi des Myrmidons, il devint l'ami fidèle de son fils, Achille, qu'il accompagna à la guerre contre Troie. Il y fut tué par Hector alors qu'il tentait désespérément de sauver l'armée grecque proche de la défaite.

Achille jouant aux dés avec son ami Patrocle.Vase grec.

Ajax le Grand. Statue romaine en bronze (IVe s.).

Ajax le Grand

Guerrier d'une grande bravoure, Ajax repoussa à lui seul une contre-attaque des Troyens qui faillirent bien mettre le feu aux bateaux grecs. Lorsque Achille fut tué, Ajax rivalisa avec Ulysse pour obtenir ses armes fameuses. Ulysse l'emporta. Ajax, devenu fou de jalousie, égorgea pendant la nuit un troupeau de moutons, croyant se venger de ses compatriotes. Il retrouva la raison, mais, de honte, il se suicida.

Nestor

Apollon avait accordé à Nestor le privilège de vivre pendant trois générations. Ce roi put donc prendre part au combat des Lapithes contre les Centaures, à l'expédition des Argonautes, et s'embarquer à la tête de quatre-vingt-dix vaisseaux pour Troie. Homère vante la modération, la diplomatie et l'éloquence persuasive du vieux et sage Nestor, qualités qui firent merveille pour apaiser les conflits entre les chefs grecs, notamment Achille et Agamemnon. C'est ainsi que, contrairement à eux, il mérita un retour paisible dans sa patrie.

Le clan des Troyens

C'est sous le règne de Priam que la ville de Troie vécut les dix années de la guerre déclenchée par l'enlèvement d'Hélène.

Priam assassiné par le fils d'Achille. Vase grec.

Priam

La ville de Troie était gouvernée par le roi Priam. Il avait épousé en secondes noces Hécube, elle-même fille de roi, avec qui il eut un nombre considérable d'enfants. Trop âgé pour participer à la guerre de Troie, il vit avec horreur ses enfants y perdre la vie un à un. À la mort d'Hector, l'aîné de ses cinquante fils, il s'abaissa à supplier Achille, son meurtrier, de lui rendre le corps pour l'enterrer. Lorsque les Grecs prirent Troie, Priam et Hécube se réfugièrent dans le temple de Zeus pour se mettre sous sa protection. Mais Néoptolème, le fils d'Achille, égorgea Priam.

Hécube

La reine Hécube était la femme de Priam. On leur prêtait une centaine d'enfants dont Hector, Pâris et Cassandre. Avant la naissance de Pâris, un présage l'avertit que ce fils ferait la ruine de Troie. Se refusant à le tuer, la reine abandonna l'enfant dans la montagne mais il survécut. Impuissante et folle de douleur, Hécube assista à la prédiction : la prise de Troie, son incendie, et vit ses enfants massacrés ou réduits en esclavage.

Hécube rêvant que son fils allait causer la chute de Troie. Fresque de Giulio Romano (XVIe s.).

Les adieux d'Hector et Andromaque. Antoine Coypel (XVIIe-XVIIIe s.).

Hector

Hector est, selon Homère, le plus admirable des héros troyens. Non seulement ce "dompteur de chevaux" était un combattant hors pair, mais il faisait preuve d'humanité et de noblesse envers tous, même envers Hélène, cause de cette guerre. Son honneur lui commanda de se battre pour défendre sa patrie, mais il fut bouleversé de se séparer de sa femme, Andromaque, et de son tout jeune fils Astyanax qu'il aimait avec tendresse. Pendant plusieurs années, grâce à la protection d'Apollon, il remporta de nombreux combats devant Troie ; mais un jour où, sous son commandement, les Troyens étaient près de vaincre les Grecs, Patrocle, l'ami d'Achille, tenta de livrer une ultime bataille pour sauver le camp grec. C'est alors qu'Hector transperça Patrocle de sa lance. Achille, fou de rage, provoqua Hector en duel. Comme les dieux avaient décidé que Troie devait tomber, Hector devait mourir. Apollon abandonna le héros à son destin, tandis qu'Athéna prêtait son aide à Achille. Hector le comprit et mourut en guerrier courageux. Achille attacha son cadavre à son char et fit plusieurs fois le tour des murs de Troie, sous les yeux de Priam, d'Hécube et des Troyens, désespérés et horrifiés. Achille, pour parfaire sa vengeance, voulait abandonner le corps aux chiens, mais se laissa fléchir par Priam venu le supplier de lui rendre le cadavre de son fils pour qu'il ait les cérémonies funèbres qu'il méritait.

Andromaque pleurant son mari, Hector. Peinture de J. L. David (XVIIIe s.).

Andromaque

Andromaque, épouse d'Hector, perdit dans la guerre de Troie son père, ses sept frères et son époux, tous massacrés par Achille. À la chute de Troie, son fils Astyanax fut jeté du haut des murailles. Elle-même partagea le sort malheureux des vaincus et fut donnée au fils d'Achille, Néoptolème. Elle devint l'épouse du fils du meurtrier de toute sa famille... Elle en eut trois fils, mais resta toute sa vie déchirée entre cet amour maternel et le souvenir d'Hector disparu. Bientôt, Néoptolème fut lui aussi assassiné et Andromaque se remaria avec le frère d'Hector, Hélénos, qui l'emmena vivre dans son royaume d'Épire. Elle symbolise la fidélité conjugale des femmes troyennes, par opposition à Hélène, l'épouse coquette et inconstante du roi grec Ménélas.

Ulysse

Ulysse était le héros grec le plus rusé et le plus astucieux. Parti pour faire la guerre à Troie, il passa finalement vingt ans loin de chez lui mais à son retour sa femme Pénélope l'attendait.

Ulysse et ses compagnons. Mosaïque romaine.

Ulysse aux mille ruses

Né sur l'île d'Ithaque, Ulysse avait hérité du trône de son père Laërte. Jeune, il avait fait de nombreux voyages et vivait heureux aux côtés de la sage Pénélope et de son fils nouveau-né Télémaque, lorsque la guerre de Troie éclata. Pour ne pas partir, il fit semblant d'être fou : il se mit à semer des cailloux ! Mais on découvrit la supercherie et Ulysse dut s'embarquer sur les navires grecs. Courageux, ingénieux, conseiller prudent et sage, il était surnommé "Ulysse aux mille ruses".

La colère de Poséidon

Après la prise de Troie, Ulysse et ses compagnons entassèrent leur butin sur leurs douze navires et prirent le chemin d'Ithaque. Mais les dieux avaient décidé de punir les Grecs de leurs crimes. Les bateaux furent d'abord rejetés par une tempête sur les côtes du pays des cruels Cicones. Là, Ulysse perdit six de ses amis. Les Grecs parvinrent à tuer les Cicones, ne laissant la vie sauve qu'à un prêtre d'Apollon, qui leur donna des jarres de vin. Sans cesse ballotté par des vents contraires et des flots capricieux, Ulysse commença alors son long voyage loin de son pays. Il aborda chez les Lotophages, les mangeurs de lotos, une plante qui envoûtait ceux qui la mangeaient. Ulysse eut beaucoup de mal à arracher ses compagnons à ce pays où l'on oublie tout.

Ulysse aveuglant le terrible Polyphème avec un pieu. Sculpture en marbre.

L'œil du terrible
Cyclope

Ils débarquèrent ensuite sur l'île des Cyclopes et pénétrèrent dans la caverne de Polyphème. Rentrant chez lui, celui-ci découvrit les compagnons d'Ulysse et se mit à les dévorer. Ulysse lui offrit le vin qu'il avait apporté en cadeau et quand le Cyclope lui demanda son nom, il répondit : "Personne." Enivré par le vin, Polyphème s'endormit. Ulysse en profita pour lui crever son unique œil avec un pieu géant. Le Cyclope rugit de douleur et appela au secours, mais quand ses amis lui demandèrent qui l'avait attaqué, il répondit : "Personne" ! Ulysse et ses compagnons réussirent à sortir de la caverne en se cachant sous le ventre des béliers du troupeau du Cyclope. Mais Polyphème était le fils de Poséidon. Il obtint de son père qu'il retarde le plus longtemps possible le retour d'Ulysse vers Ithaque.

La magicienne Circé transforma les compagnons d'Ulysse en cochons. Ulysse et Circé. Peinture de C. Paderni (XVIIe s.).

Circé, la magicienne

L'équipage aborda ensuite sur une île où vivait la magicienne Circé. Elle invita les compagnons d'Ulysse et leur offrit une boisson magique qui les transforma en cochons. Ulysse, averti par Hermès, courut chez Circé pour les sauver. Protégé par le contrepoison que lui avait donné Hermès, Ulysse résista au philtre maléfique. Ulysse menaça alors Circé de son épée et lui ordonna de rendre leurs corps d'hommes à ses amis, ce qu'elle fit de bonne grâce. Ulysse devint l'amant de la belle magicienne et resta auprès d'elle une année entière. Circé lui conseilla d'aller consulter l'ombre du devin Tirésias au royaume des Enfers. Tirésias lui annonça qu'il rentrerait dans sa patrie sain et sauf, mais seul et démuni de tout et qu'il devrait tuer tous les prétendants de sa femme Pénélope.

Grâce à une double ruse, Ulysse et ses compagnons résistèrent aux chants des Sirènes. Peinture de J. W. Waterhouse (fin XIXe s.).

Le chant des sirènes

Ils arrivèrent ensuite en vue de l'île des dangereuses sirènes. Elles attiraient les marins grâce à leur chant, puis les dévoraient. Ulysse ordonna à ses hommes de se boucher les oreilles avec de la cire et, comme il était curieux, il se fit attacher au mât de son navire pour entendre le chant magique sans risque. Il leur fallut ensuite échapper aux monstres Charybde et Scylla. Échoués sur un nouveau rivage, les marins affamés commirent l'imprudence de chasser les bœufs sacrés d'Hélios, le dieu du Soleil, pendant qu'Ulysse dormait. Zeus les foudroya tous et détruisit les navires : seul Ulysse fut épargné.

Ulysse chez Calypso. Peinture de Luca Giordano (XVIIe s.).

Calypso et Nausicaa

Agrippé à un radeau, Ulysse arriva sur l'île de la nymphe Calypso. Éperdument amoureuse, elle enferma Ulysse dans une véritable prison d'amour pendant huit ans. Elle lui proposa même de devenir immortel. Mais Ulysse choisit de retrouver sa vie d'homme mortel et de repartir. Calypso aida Ulysse à construire un nouveau radeau. La mer démontée le jeta sur une plage où il s'endormit. Des rires de jeunes filles le réveillèrent. Parmi elles, Nausicaa, la fille du roi Alcinoos, l'amena à son père. Le roi fit armer un navire pour reconduire Ulysse jusqu'à Ithaque. Après tant d'années d'errance, il allait enfin pouvoir retrouver sa patrie et sa famille.

La tapisserie de Pénélope

Après vingt ans d'absence, Ulysse arriva à Ithaque. Tout le monde le croyant mort, personne ne le reconnut – car il avait vieilli et s'était déguisé en mendiant – sauf sa nourrice et son vieux chien, qui en mourut de joie. Pénélope était entourée de nombreux prétendants, qui voulaient l'épouser pour s'emparer du royaume d'Ithaque. Ils vivaient tous dans le palais royal, mangeant et buvant aux frais d'Ulysse, en attendant que la reine choisisse un mari parmi eux. Mais Pénélope était restée fidèle à Ulysse et trouvait toujours des prétextes pour éviter de donner sa réponse. Elle avait juré qu'elle ne ferait pas son choix avant d'avoir terminé la tapisserie qu'elle avait commencée. Mais la nuit, elle défaisait le travail qu'elle avait fait pendant la journée...

Ulysse reconnu par sa nourrice, grâce à sa cicatrice. Peinture de Clément Belle (XVIIIe s.).

Le massacre des prétendants

Pénélope proposa un concours : elle épouserait celui qui serait capable de traverser toute une série d'anneaux avec une flèche, en utilisant l'arc d'Ulysse. Aucun prétendant n'ayant réussi à bander l'arc, Ulysse, toujours déguisé en mendiant, s'en saisit et les tua tous. Il se fit alors reconnaître par sa femme et son père. Grâce à l'intervention d'Athéna, Ulysse retrouva son allure d'autrefois, et il vécut heureux avec sa femme et son fils.

LES MYTHES CELEBRES

4 FAMILLES MAUDITES

Deux grandes familles furent marquées par la cruauté d'un destin qui s'acharna sur chacun de ses membres, les poussant à commettre les crimes les plus ignobles.

La famille des Atrides doit son nom à Atrée, mais en réalité, le fondateur de cette lignée fut l'abominable Tantale qui avait donné à manger son fils Pélops aux dieux. Atrée et Thyeste, petits-fils de Tantale, étaient deux frères séparés par la haine. Après avoir commis un premier meurtre, ils durent se réfugier à Mycènes. À la mort du roi, ils se disputèrent sa succession, n'hésitant pas à user de mensonges et de ruses. Atrée finit par l'emporter et profita de son pouvoir pour se venger de son frère.

Il fit assassiner ses neveux (seul survécut Egisthe) et les donna à manger à leur père, Thyeste. Les descendants d'Atrée, les Atrides, n'en finirent pas de payer, à leur tour, les crimes abominables de leurs ancêtres.

Clytemnestre hésitant à tuer Agamemnon endormi. Peinture de Baron P. N. Guérin (XIXe s.).

Iphigénie sacrifiée

Agamemnon, le fils d'Atrée, épousa Clytemnestre, qui lui donna trois enfants : Iphigénie, Oreste et Électre. Lorsque la guerre de Troie éclata, Agamemnon accepta de sacrifier sa fille Iphigénie pour assurer le départ de son armée. Clytemnestre lui voua alors une haine implacable et n'eut de cesse de se venger. Lorsqu'il revint de la guerre, elle le fit assassiner par son nouvel amant, qui n'était autre qu'Égisthe, le fils de Thyeste.

Un père à venger

Électre confia alors son frère, Oreste, à un oncle, afin qu'il l'élève loin de Mycènes, en toute sécurité, pendant qu'elle méditait la vengeance qui allait déterminer toute sa conduite. Détestée par sa mère, elle vécut dans la pauvreté et la solitude. Sept ans après, Électre reconnut son frère qui, rentré à Mycènes, était venu se recueillir sur la tombe de leur père.

Une mère à tuer

Électre et Oreste décidèrent alors de venger définitivement la mort de leur père. Pylade, l'ami d'Oreste, tua Égisthe. Guidé par sa sœur, dont la haine farouche l'incitait à frapper, Oreste assassina sa mère.

Un fils frappé de folie

Ayant commis le crime le plus effroyable, Oreste fut frappé de folie et poursuivi par les Érinyes dès le jour des funérailles de Clytemnestre. Il n'en fut délivré qu'après un jugement en règle qui se déroula à Athènes et par lequel les dieux l'acquittèrent. Il fit alors un long voyage de purification avec son ami Pylade, qui l'avait aidé à se venger en tuant Égisthe. À leur retour, Pylade épousa Électre, mais ils n'eurent pas d'enfants. Quant à Oreste, il mourut piqué par une vipère. Il ne resta ainsi plus personne de cette abominable famille.

Oreste tuant Clytemnestre et Pylade tuant Égisthe. Sarcophage étrusque.

Le roi de Thèbes, Laïos, avait enlevé le fils de Pélops qui l'avait accueilli à sa cour. Cette grave faute est à l'origine de la malédiction qui frappa sa famille. Lorsqu'il consulta l'oracle de Delphes, il lui fut en effet révélé qu'il serait assassiné par son propre fils. Bientôt, Jocaste, sa femme mit au monde un fils...

Un oracle à faire frémir

Pour éviter l'accomplissement de l'oracle, le roi prit le petit enfant, lui perça les chevilles et les lia par une courroie. Les traces de cette blessure lui valurent son nom d'Œdipe qui veut dire "Pied enflé". Il ordonna à son serviteur de l'abandonner près de Thèbes, sur le mont Cithéron. Mais, pris de pitié, le serviteur le confia en cachette à des bergers. Ils le portèrent à Polybos, roi de Corinthe, qui n'avait pas d'enfants. Œdipe devint le fils adoptif de Polybos et grandit à la cour de Corinthe, sans connaître le secret de sa naissance. À la suite d'une querelle où on l'accusa d'être un enfant trouvé, il apprit que Polybos n'était pas son vrai père. Il partit à son tour consulter l'oracle à Delphes afin de découvrir qui était sa famille. L'oracle ne put que lui révéler une terrible prophétie : Œdipe tuerait son père et épouserait sa mère. Craignant d'assassiner Polybos, il ne revint pas à Corinthe, mais prit la route de Thèbes.

La force du destin

En chemin, Œdipe croisa Laïos à un carrefour et sans savoir qu'il en était le fils, il se querella avec lui et le tua. Il accomplit ainsi la première prophétie.
À Thèbes, il réussit à résoudre l'énigme que le terrible Sphinx posait à tous les voyageurs : "Quel est l'animal qui, le matin, possède quatre pattes, à midi deux pattes, et le soir trois pattes ?"... Ceux qui ignoraient la réponse étaient étranglés et dévorés sur-le-champ. Œdipe répondit qu'il s'agissait de l'homme : il marche à quatre pattes lorsqu'il est enfant, sur ses deux jambes à l'âge adulte et appuyé sur une canne quand il est vieux. Le monstre, vaincu, se précipita dans le vide, et Thèbes en fut délivrée. Pour remercier Œdipe, les Thébains le marièrent à la veuve de Laïos, Jocaste, et le firent roi. En épousant sans le savoir sa mère, Œdipe réalisa la seconde prophétie.

Œdipe et le Sphinx. Peinture de J. D. Ingres (XIXe s.).

Antigone aidant Œdipe, aveugle, à quitter Thèbes, victime de la peste. C. Jalabert (XIXe s.).

Le calvaire d'Œdipe

Mais bientôt la peste commença à détruire Thèbes. L'oracle de Delphes révéla que le seul moyen de sauver la ville était de venger le meurtre de Laïos. En interrogeant le devin Tirésias, Œdipe finit par comprendre que l'homme qu'il avait jadis tué était Laïos, sans découvrir pour autant qu'il était son père. Il apprit alors d'un messager la mort de Polybos et se réjouit, à tort, d'avoir évité le crime que l'oracle lui avait annoncé dans sa jeunesse. Mais le messager corinthien lui révéla qu'il n'était pas le fils de Polybos et qu'il avait été trouvé près de Thèbes. Jocaste comprit soudain qu'elle avait épousé son propre fils, le meurtrier de Laïos. Elle se tua. Œdipe se creva les yeux pour ne plus voir son crime. Victime de sa propre malédiction, il fut banni de Thèbes et erra sur les routes en compagnie de sa fille Antigone, jusqu'à Colone, où il mourut.

La fin tragique d'Antigone

Œdipe et sa mère Jocaste avaient eu deux fils, Étéocle et Polynice, et deux filles, Antigone et Ismène. Étéocle haïssait son frère. Malgré l'accord qu'ils avaient passé de régner tour à tour un an sur Thèbes, Étéocle refusa de laisser régner son frère. Polynice rassembla une armée pour prendre le pouvoir. Lors d'un combat, ils s'entre-tuèrent. Créon, leur oncle, devenu roi, décida que Polynice était coupable d'avoir agressé sa cité, aussi ordonna-t-il d'enterrer Étéocle avec les honneurs, tandis qu'il interdisait qu'on donne une tombe à Polynice. Antigone, leur sœur, brava l'interdiction et recouvrit le corps de Polynice de terre. Condamnée à être emmurée vivante, elle se pendit.

Antigone recouvrant de terre le corps de son frère Polynice. Peinture de Marie S. Stillman (XXe s.).

Les punitions célèbres

Le Tartare, "séjour des méchants, et théâtre de leurs justes supplices" comme le décrit Virgile, avait quelques hôtes célèbres : Tantale, Sisyphe, Ixion...

Sisyphe remontant inlassablement son rocher. Détail d'une peinture de Titien (XVIe s.).

Le rocher de Sisyphe

Fils d'Éole, maître des vents et fondateur de Corinthe, Sisyphe était le plus rusé de tous les mortels. Afin d'obtenir une source pour sa ville, il révéla au dieu-fleuve Asopos que Zeus avait enlevé sa fille. Le maître des dieux, irrité, envoya à Sisyphe le génie de la Mort, Thanatos. Mais le rusé Sisyphe le fit prisonnier et l'enchaîna. Au moment de mourir, Sisyphe recommanda à sa femme de ne pas l'ensevelir selon les lois sacrées. Arrivé aux Enfers, il s'en plaignit à Hadès qui lui donna l'autorisation de revenir sur Terre pour punir sa femme. Il vécut ainsi encore des années, jusqu'à ce qu'Hermès vienne le rechercher. Zeus imposa alors à Sisyphe un supplice terrible : il devait faire rouler sans cesse un énorme rocher jusqu'au sommet d'une colline et, chaque fois qu'il était sur le point d'atteindre le sommet, le rocher lui échappait et dévalait la pente. Le mythe de Sisyphe, condamné à un effort éternel, inutile et absurde, est l'exemple le plus célèbre des supplices infligés aux Enfers par les dieux aux hommes trop orgueilleux.

Procuste

Sous prétexte d'offrir l'hospitalité aux voyageurs, Procuste les emmenait chez lui. Il obligeait les grands à se coucher sur un petit lit et leur coupait la partie du corps qui dépassait. Quant aux petits, il les allongeait sur un grand lit et les étirait jusqu'à ce qu'ils atteignent la taille du lit. Thésée l'attacha à l'un de ses lits et lui coupa la tête.

Le supplice de Tantale

Tantale était le roi d'une riche contrée d'Asie. Fils de Zeus, apprécié des dieux, il fut souvent convié à leurs festins. Mais bientôt on lui reprocha d'avoir répété des secrets entendus sur l'Olympe, ou encore d'avoir volé de l'ambroisie et du nectar pour rendre ses sujets immortels. Or un jour, il fit bien pire. Pour tester la clairvoyance des dieux, Tantale prépara une sorte de ragoût avec le corps de son propre fils, Pélops, qu'il avait découpé en morceaux, et il l'offrit à manger aux dieux. Bien sûr, ceux-ci s'aperçurent aussitôt du crime et refusèrent de toucher à ce plat monstrueux. Seule Déméter, affamée, avait eu le temps de dévorer un morceau d'une épaule de Pélops. Scandalisés par le crime de Tantale, les dieux rendirent aussitôt la vie à son fils et lui firent une nouvelle épaule en ivoire.

Le châtiment de Tantale fut terrible. Envoyé aux Enfers, il était plongé dans l'eau jusqu'au menton mais à chaque fois qu'il voulait y tremper les lèvres pour se désaltérer, le niveau de l'eau descendait brutalement, le laissant éternellement assoiffé. De même, une branche couverte de fruits pendait au-dessus de sa tête et dès qu'il tendait le bras pour en cueillir un, la branche s'éloignait, le condamnant à être affamé pour l'éternité.

Le supplice de Tantale.
Gravure de B. Picart (XVIIIe s.).

…ant sur
… enflammée.
…vure de B. Picart
(XVIIIe s.).

Ixion, le traître

Après son mariage, Ixion non seulement refusa de payer à son beau-père la dot qu'il lui avait promise, mais le fit tomber traîtreusement dans une fosse pleine de braises ardentes. Son crime était doublement odieux : il n'avait pas respecté sa parole et il avait tué l'un de ses parents. Tous les dieux refusèrent donc de purifier son crime, sauf Zeus. Ce dernier, touché par les pleurs d'Ixion, l'invita même à sa table et lui offrit le nectar et l'ambroisie. Nullement reconnaissant, Ixion tenta de séduire Héra qui s'en plaignit à Zeus. Le dieu façonna un nuage qui ressemblait à son épouse et Ixion s'unit à cette apparence. Et, pour punir l'ingrat, Zeus ordonna à Hermès de le fouetter sans pitié, puis de l'attacher avec des serpents à une roue enflammée qui tournait sans relâche au fond du Tartare.

Les oreilles d'âne de Midas

Trouver un **pactole** c'est trouver un trésor.

Le roi Midas avait rendu service à Dionysos qui lui accorda une faveur. Midas, dans sa sottise, demanda que tout ce qu'il toucherait se transforme en or.

D'abord fou de joie, il s'aperçut très vite que tout ce qu'il portait à sa bouche se transformait aussi en or, et qu'il allait mourir de faim et de soif.

Il supplia le dieu qui, pour annuler son vœu, lui dit de se laver dans le fleuve Pactole… où l'on trouva désormais des pépites d'or.

Le tonneau des Danaïdes

Le roi Danaos avait cinquante filles et son frère jumeau avait cinquante garçons. Comme un oracle avait averti Danaos de se méfier de ses neveux, il quitta son pays avec ses filles. Mais un jour, ses neveux vinrent le trouver, souhaitant renouer avec leur famille, et proposant d'épouser leurs cinquante cousines. Danaos, qui n'avait pas oublié l'oracle, fit semblant d'être ravi et accepta le mariage. Comme cadeau, il offrit à chacune de ses filles un couteau et leur fit promettre de tuer leur mari lors de leur nuit de noces. Ce qu'elles firent toutes, sauf une. Les Danaïdes se remarièrent par la suite, mais le jeune homme qui avait été épargné, Lyncée, revint et les tua toutes ainsi que Danaos. Envoyées aux Enfers, les Danaïdes furent condamnées pour leurs crimes à remplir sans fin un tonneau dont le fond était percé.

Les Danaïdes tentant en vain de remplir leur tonneau. J. W. Waterhouse (XIXe s.).

Une autre fois, alors qu'Apollon et Pan se mesuraient pour savoir qui jouait le mieux de la flûte, Midas eut la mauvaise idée de choisir Pan.

Apollon l'affubla aussitôt d'oreilles d'âne. Honteux, le roi les cacha sous un bonnet et son coiffeur dut garder le silence, sous peine de mort. N'en pouvant plus de se taire, le malheureux creusa un trou dans la terre pour y crier son secret. Mais des roseaux poussèrent à cet endroit, et leur bruissement répétait sans cesse le fameux secret : "Le roi Midas a des oreilles d'âne !"

L'Amour

Éros ou Cupidon, le dieu de l'Amour, avait l'étonnant pouvoir de transpercer les cœurs de ses flèches.

Amour et Psyché. Peinture d'Angelica Kauffmann (XVIIIe s.).

Cupidon, avec son arc et ses flèches qui rendent amoureux ou pas. Détail d'un tableau de G. Sodoma (XVIe s.).

Éros

Il existe différentes versions de la naissance du dieu de l'Amour, Éros. La plus répandue dit qu'il faisait partie de la première génération des dieux et était sorti du néant en même temps que Gaia, la Terre. Il aurait réglé les premières unions nécessaires à la naissance du monde – comme celle de la Terre et du Ciel – puis celles de leurs descendants.

Éros était en quelque sorte chargé d'assurer la survie des espèces. Il s'occupait aussi bien des dieux que des hommes, qu'il rendait amoureux et poussait à avoir des enfants.

Un autre mythe fait naître Éros bien plus tard et le considère comme le fils d'Aphrodite.

On a représenté Éros comme un très beau jeune homme aux ailes majestueuses.

On le connaît également sous les traits d'un petit enfant malin. Plutôt dodu et joufflu, il avait deux petites ailes dans le dos. Avec son arc, il s'amusait à décocher des flèches : celles aux pointes d'or qui rendaient amoureux ou celles aux pointes de plomb qui, au contraire, empêchaient d'aimer.

Parmi tous les récits dans lesquels intervient Éros, celui de Psyché est le plus célèbre.

Un mari sans visage

Psyché, effrayée, se sentit soulevée par un Vent qui la posa avec délicatesse dans le jardin d'un palais d'or et de marbre. La nuit venue, Psyché sentit une présence dans son lit ; c'était le mari prédit par l'oracle.
Cet époux amoureux, tendre et mystérieux, qu'elle ne put voir, ne lui dit pas qui il était.
Il la rejoignait chaque nuit, mais elle ne devait jamais chercher à voir son visage. Ses sœurs, qui lui rendirent visite, furent jalouses de son bonheur et la troublèrent en la persuadant que son époux devait être un monstre.
La nuit suivante, Psyché s'approcha de son mari endormi et l'éclaira avec une lampe à huile. Elle découvrit le plus beau et le plus aimable des dieux, l'Amour. Mais ses mains tremblèrent d'émotion et elle renversa une goutte d'huile brûlante sur son mari qui s'éveilla et s'envola aussitôt.

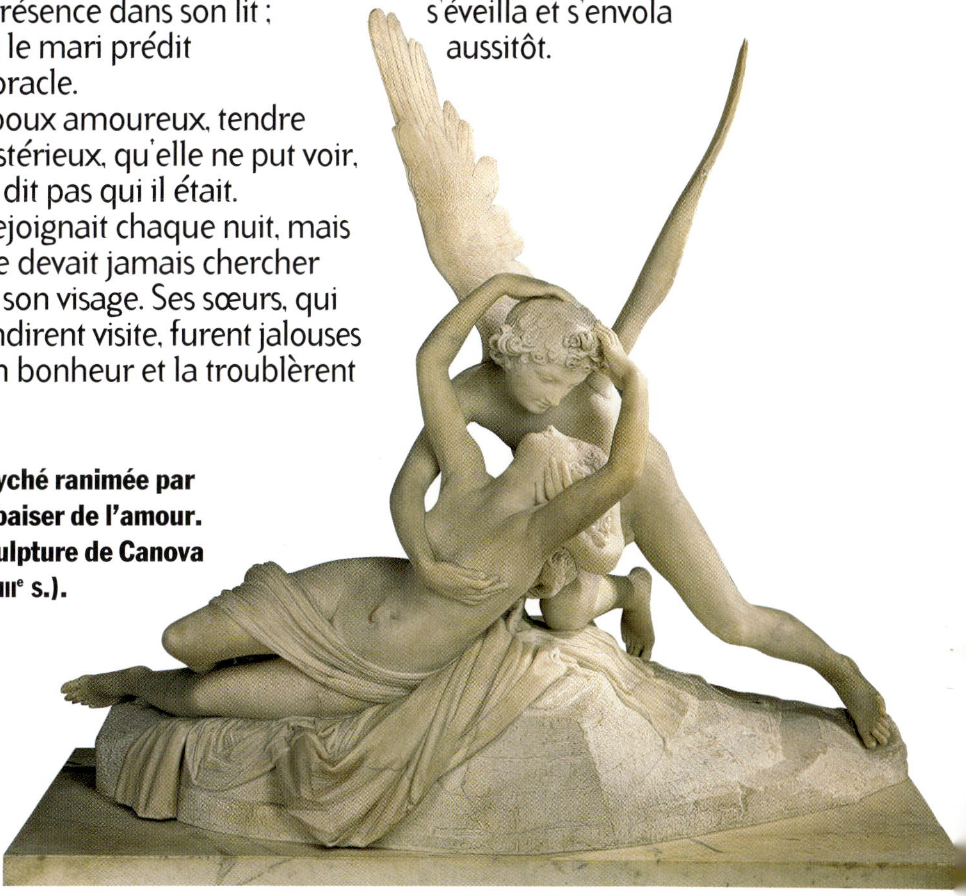

Psyché ranimée par le baiser de l'amour. Sculpture de Canova (XVIIIe s.).

Trop belle Psyché

Psyché était la plus belle des trois filles d'un roi. Tous les sujets du royaume se pressaient autour d'elle pour l'admirer et, trop occupés à rendre hommage à sa beauté, ils oublièrent d'honorer Aphrodite. La déesse en fut très jalouse et décida de se venger. Elle demanda à Éros de faire en sorte que la jeune fille tombe amoureuse du plus laid des hommes. Mais Éros s'éprit de Psyché et décida que personne ne tomberait amoureux d'elle, si bien que ses parents, inquiets, consultèrent l'oracle d'Apollon. Apollon, qu'Éros avait mis dans la confidence, ordonna que la jeune fille soit abandonnée sur une montagne où son futur mari, un monstre, viendrait la chercher. Le roi et la reine, désespérés, obéirent : ils accompagnèrent Psyché en pleurant et l'abandonnèrent, épouvantée, sur un rocher.

Le triomphe de l'amour

Psyché erra longtemps, désespérée. Aphrodite, toujours jalouse, l'enferma et lui ordonna d'accomplir des travaux presque irréalisables. Cependant, rien ne semblait impossible à la jeune femme rendue forte par son amour. La déesse l'envoya aux Enfers chercher un flacon d'eau de Jouvence, en lui interdisant de l'ouvrir mais Psyché désobéit : elle fut aussitôt frappée d'un sommeil profond comme la mort. Éros parvint à la réveiller grâce à une légère piqûre de ses flèches. Zeus consentit à leur mariage, au cours duquel Psyché devint immortelle.

Les couples célèbres

Amoureux passionnés, fidèles, tragiques... tels sont les héros de plusieurs mythes devenus fort célèbres.

Thisbé découvrant Pyrame en train de mourir. Détail d'une peinture de S. Leclerc (fin XVIIe s.).

Pyrame et Thisbé

Un très beau jeune homme, Pyrame, aimait une très belle jeune fille, Thisbé. Ils étaient voisins ; seul un vieux mur séparait leurs maisons. Ils s'étaient aperçus, et aimés, mais leurs familles étaient ennemies. Aussi ils ne se parlaient qu'en cachette, à travers une fente du mur. Une nuit, ils décidèrent de s'enfuir et se donnèrent rendez-vous au bord d'un ruisseau, près d'un grand mûrier. Thisbé arriva la première mais elle aperçut une lionne qui venait boire, la gueule encore pleine du sang de l'animal qu'elle venait de dévorer. Terrifiée, elle courut se réfugier dans une grotte, et laissa tomber son voile que la lionne déchira, en y laissant des traces de sang. Pyrame survint, il vit les empreintes de la lionne, le sang sur le voile et crut Thisbé morte... Alors il posa le voile sur le mûrier, sortit son poignard et se tua de désespoir. Lorsque Thisbé se risqua hors de son refuge, elle trouva Pyrame agonisant et se tua à son tour avec le poignard de son amant.

Pygmalion et Galatée

Le sculpteur Pygmalion n'aimait pas les femmes et s'était juré de ne jamais se marier. Il leur reprochait toujours quelque petit défaut... Aucune femme n'était assez belle à son goût. En conséquence, il décida de créer lui-même la statue d'une femme parfaite. Après des jours et des nuits de travail, il parvint finalement à sculpter la femme idéale... dont il tomba éperdument amoureux tant elle semblait réelle. Ce n'était bien sûr qu'une statue en ivoire, froide et indifférente, et il en fut tellement désespéré que la déesse Aphrodite eut pitié de lui et donna la vie à sa statue, qui devint Galatée... L'histoire ne dit pas ce qui arriva ensuite.

Orphée et Eurydice

Orphée charmant les animaux de son chant mélodieux. Mosaïque romaine.

Poète, chanteur et musicien, Orphée charmait tous les êtres qui l'entendaient : les animaux les plus sauvages, apprivoisés par ses chants, accouraient pour l'écouter ; les plantes s'inclinaient vers lui ; tous les humains, même les plus violents, étaient séduits et apaisés par sa musique. Il aurait même ajouté deux cordes à la lyre, qui n'en possédait que sept. Orphée participa à l'expédition des Argonautes : il donnait la cadence en chantant et calmait ainsi les flots agités. Ses chants étant plus beaux que ceux des sirènes, ses compagnons ne succombèrent donc pas au charme de celles-ci. Orphée avait épousé la nymphe Eurydice et l'aimait passionnément.

Mais, un jour qu'elle courait dans les champs, la jeune femme fut piquée au pied par un serpent et en mourut. Orphée, accablé de chagrin, décida d'aller la rechercher dans le sombre royaume des morts.

Il réussit à émouvoir par ses chants le monstre Cerbère ainsi que le couple royal des Enfers, Hadès et Perséphone. Les dieux l'autorisèrent alors à ramener Eurydice sur la terre, mais à une condition : Orphée devrait marcher devant sa femme sans se retourner jusqu'à ce qu'ils aient atteint le royaume de la lumière. Peu avant d'y parvenir, Orphée, pris de doute, voulut vérifier la présence de son épouse et regarda en arrière ! Aussitôt, il vit disparaître Eurydice qui mourut ainsi une seconde fois, et pour toujours.

Galatée se transformant en une vraie femme. Peinture de Baron J. L. Gérôme (fin XIXe s.).

Orphée emmenant Eurydice loin du royaume des morts. Peinture de P. P. Rubens (XVIIe s.).

Les métamorphoses

Il existe dans les légendes une multitude de personnages qui ont été transformés en animaux ou en plantes, parfois pour échapper à un danger.

Daphné fut changée en laurier pour échapper à Apollon. Sculpture en marbre de G. L. Bernin (XVIIe s.).

Daphné

La douce nymphe Daphné était pourchassée par Apollon qui en était tombé amoureux. Épuisée par sa fuite éperdue pour échapper au jeune dieu, elle supplia son père : "Viens, mon père, viens à mon secours. Délivre-moi par une métamorphose !" Aussitôt, elle s'immobilisa et sentit sa peau se couvrir d'une mince écorce. Ses cheveux et ses bras s'allongèrent et se couvrirent de feuilles. Elle était devenue un laurier. Apollon embrassa son tronc et dit : "Puisque tu ne peux pas être mon épouse, tu seras mon arbre." Le laurier devint l'arbre sacré d'Apollon ; son feuillage restait vert toute l'année car les cheveux de la nymphe n'avaient jamais été coupés.

Aréthuse changée en source pour échapper à Alphée. Gravure du XVIIᵉ s.

Narcisse

Ce magnifique jeune homme faisait des ravages parmi les jeunes filles qui en tombaient amoureuses, car Narcisse méprisait l'amour. L'une d'elles fit un jour ce vœu : "Qu'il aime à son tour, et ne puisse posséder l'objet de son amour !" Sa prière fut exaucée. Rentrant de la chasse, Narcisse se désaltéra à une source d'eau claire. Il se pencha, vit son visage reflété dans l'eau et en tomba amoureux. Désespérément épris de sa propre beauté, il comprit son malheur et mourut. À sa place poussa une fleur : le narcisse.

Narcisse découvrant son reflet dans l'eau. Peinture du Caravage (fin XVIᵉ s.).

Aréthuse

Nymphe et suivante de la déesse Artémis, Aréthuse se rafraîchissait dans les eaux du fleuve Alphée lorsque celui-ci lui déclara son amour. Elle tenta de lui échapper en plongeant dans la mer, mais il la poursuivit jusqu'en Sicile. Là, épuisée, elle implora Artémis de l'aider. Celle-ci la changea en source et fendit la terre pour qu'elle s'échappe.

Hyacinthos

Tous les dieux se disputaient les faveurs de cet adolescent d'une grande beauté, qu'Apollon aimait par-dessus tout. Un jour que tous deux s'amusaient à lancer le disque, le vent Zéphyr, jaloux, fit dévier le disque d'Apollon, qui frappa le jeune homme à la tête : Hyacinthos fut tué. Pris d'une immense douleur, Apollon transforma le sang qui coulait de sa blessure en une fleur : la jacinthe.

Actéon fut transformé en cerf par Artémis car il l'avait vue nue. Peinture du XVIᵉ s.

Actéon

Un jour que le jeune Actéon chassait avec ses chiens, il surprit Artémis qui se baignait. Furieuse d'avoir été vue nue, elle lui jeta de l'eau au visage. Actéon sentit alors naître sur sa tête des cornes de cerf, et sa peau se couvrir d'un pelage sombre. Il voulut parler, mais c'est un cri d'animal qui jaillit de sa bouche. Apeuré, il s'enfuit, mais il fut rattrapé par ses chiens... qui le dévorèrent.

5 LES DIEUX ET

Les dieux, dont la mythologie raconte les aventures, étaient présents partout dans l'univers et dans la vie des hommes, jusque dans ses moindres détails.

Sacrifice à Jupiter Peinture de N. Coypel (XVIIe s.).

Pour montrer leur respect aux dieux, les Grecs et les Romains devaient observer de nombreuses règles très précises qui formaient leur religion.

Prières et offrandes

Les divinités restaient des puissances redoutables à qui l'homme devait plaire. Chaque dieu avait une fonction déterminée. Pour s'attirer sa bienveillance, on priait : on invoquait d'abord le dieu puis on exprimait une demande précise. Pour prier, il fallait porter des vêtements décents et éviter toute souillure. La prière était souvent accompagnée d'une offrande. Elle était modeste : fleurs, gâteau, fruits, quelques gouttes de vin, ou coûteuse : bijoux, or, vaisselle précieuse, etc. L'offrande prenait aussi la forme de sacrifices d'êtres vivants. À l'origine, il existait sans doute des sacrifices humains mais ils disparurent très vite au profit de sacrifices d'animaux.

Les sacrifices

On conduisait la victime, soigneusement préparée, près de l'autel du dieu. On pouvait l'orner de bandelettes, dorer ses cornes, l'asperger d'un mélange de blé broyé et de sel. On l'égorgeait de manière à faire jaillir le sang sur l'autel. À Rome, on sacrifiait un bœuf blanc pour Jupiter, un cheval pour Mars, une truie pour Cérès. L'autel, toujours situé en plein air, était destiné à recevoir le feu où étaient brûlées la graisse et les viscères des animaux tués. La fumée et l'odeur de la viande grillée montaient vers les dieux pour les nourrir. Et les hommes mangeaient l'animal sacrifié.

Prêtres et prêtresses

Des prêtres étaient chargés d'exécuter les sacrifices ou d'interpréter les signes envoyés par les dieux. Les règles étaient

Sacrifice d'un porc. Vase grec.

très précises : tenue du prêtre, paroles à prononcer, gestes à accomplir, etc. À Rome par exemple, les prêtresses qui honoraient la déesse de la cité, Vesta, s'appelaient les Vestales et devaient entretenir son feu sacré. Choisies dans les familles les plus nobles, elles n'avaient le droit ni de se marier ni d'avoir des enfants. Si elles désobéissaient, elles étaient enterrées vivantes, comme Rhéa Silvia, la mère de Rémus et Romulus.

À Rome, les Vestales étaient des prêtresses chargées d'entretenir le feu du temple. Peinture de L. H. Leroux (XIXe s.).

Dans les maisons

Chaque père de famille rendait un culte aux dieux de son foyer, autour d'un feu qu'on maintenait allumé. À Rome, il était destiné aux Lares, au Génie du maître de la maison, souvent représenté par un serpent, et aux Pénates. On honorait aussi les morts de la famille (les Mânes), et surtout le premier ancêtre, car leurs âmes continuaient à vivre sous forme d'ombres chez Hadès.

Les dieux lares étaient les protecteurs des maisons chez les Romains. Bronze romain.

Connaître l'avenir

Les Anciens croyaient qu'ils pourraient connaître l'avenir s'ils savaient déchiffrer les nombreux signes, ou présages, envoyés par les dieux : pluie de pierres, naissance de monstres, etc. Certains individus, comme les sibylles, étaient naturellement doués du don de prophétie ; c'est-à-dire qu'ils annonçaient l'avenir, sans avoir besoin de présage. Les signes envoyés par les dieux se trouvaient partout : dans la flamme de l'autel, le tonnerre, les mouvements du sol ; cela pouvait être une simple goutte de pluie, un mot dit au hasard, un éternuement, etc. Les dieux pouvaient également parler aux hommes dans leurs rêves. À Rome, des prêtres, nommés Augures, interprétaient le vol des oiseaux : ils traçaient dans le ciel un espace avec un bâton courbe ; ils observaient les oiseaux qui y passaient : leur espèce (l'aigle, par exemple, annonçait la gloire), la direction et la nature du vol (droit ou en zigzag) et en tiraient des conclusions. D'autres devins, les Haruspices, analysaient le foie des victimes sacrifiées.

Temples et oracles

L'homme pouvait aussi interroger directement le dieu ; sa réponse était appelée "oracle". Elle était donnée dans le temple du dieu où habitait sa statue.

Mais les fidèles, qui n'avaient pas le droit de pénétrer dans les temples, devaient passer par l'intermédiaire des prêtres. À Delphes, le sanctuaire d'Apollon était très fréquenté. Le dieu recevait des offrandes considérables qui constituaient un véritable trésor, déposé le long d'une "voie sacrée". Apollon parlait par la bouche de la Pythie. Assise tout au fond du temple, sur un trépied, la jeune fille n'émettait que des mots confus. Un prêtre interprétait l'oracle, mais il le faisait souvent de manière ambiguë.

Le temple d'Apollon se trouvait à Delphes.

À Dodone, Zeus s'exprimait par le vent qui agitait les feuilles des chênes ; aux prêtres d'interpréter ce bruissement ! À Épidaure, on consultait Asclépios pour être guéri ou pour savoir comment l'être. Le dieu parlait aux malades pendant leur sommeil, lors de la nuit qu'ils devaient passer dans un dortoir.

Le théâtre

Les fêtes s'accompagnaient souvent de spectacles. À Delphes, tous les huit ans, on mettait en scène le meurtre du serpent monstrueux, Python, par Apollon. C'est en l'honneur de Dionysos que se déroulaient les fêtes les plus spectaculaires avec un cortège de personnes déguisées en satyres, portant des masques barbus et une peau de chèvre autour des reins. Des chœurs dansaient et chantaient. Leur dialogue a, sans doute, donné naissance au théâtre. Rapidement, des concours dramatiques eurent lieu en l'honneur du dieu : trois auteurs étaient autorisés à concourir. Pendant trois jours, le public assistait à leurs tragédies et comédies ; un jury désignait le vainqueur.

Les comédiens tragiques portaient un masque et des chaussures à semelles hautes : les coturnes.

Figure de comédie.

Le théâtre d'Épidaure servait de cadre aux spectacles donnés en l'honneur de Dionysos.

Fêtes et jeux

Pour honorer les dieux, les cités organisaient de grandes cérémonies sacrées. La fête commençait par une procession à travers la ville, jusqu'au temple où avait lieu un sacrifice. À Athènes, tous les quatre ans, on célébrait Athéna par de grandes fêtes, les Panathénées. Il y avait des concours de musique, de chant et d'athlétisme. La cité entière défilait dans une grande procession à travers la ville jusqu'à l'Acropole. Les jeunes filles les plus nobles de la cité offraient alors à Athéna une tunique sacrée qu'elles avaient tissée avec des fils d'or.

Les Jeux olympiques

On offrait aussi aux dieux des concours athlétiques. En Grèce, les plus importants se déroulaient à Delphes (Jeux pythiques pour Apollon : le prix était une couronne de laurier), à l'isthme de Corinthe (Jeux isthmiques, pour Poséidon ; le prix était une couronne de pin) et à Némée (Jeux néméens, pour Zeus). Mais les plus célèbres, destinés aussi à Zeus, étaient ceux d'Olympie. Ces Jeux olympiques avaient lieu tous les quatre ans. On cessait alors toute guerre : c'était la trêve sacrée. Les concurrents, venus de toute la Grèce, ne pouvaient être ni barbares (c'est-à-dire non-Grecs)

ni esclaves, ni condamnés.
Les épreuves se déroulaient en cinq jours : course, combats (lutte, boxe, pancrace), pentathlon (stade, saut, lancement de disque, de javelot, lutte) et courses hippiques. Les gagnants recevaient une couronne de feuilles de l'olivier sauvage, l'arbre sacré d'Olympie.

Parmi les épreuves des Jeux olympiques, figuraient la course, la lutte et le lancer de disque.

Les Mystères

D'autres rites, nommés "Mystères", étaient très secrets : ils étaient réservés à un petit nombre d'initiés, qui s'engageaient à ne jamais rien révéler. Ils offraient l'espoir d'une vie après la mort.
Les plus célèbres de ces cultes étaient les "mystères d'Éleusis". On y célébrait Déméter et la renaissance de sa fille, Perséphone. Celle-ci, en effet, selon le jugement de Zeus, habitait six mois parmi les morts, chez son époux Hadès, mais s'en échappait pour vivre six mois sur la terre, près de sa mère Déméter.
Un autre culte mystérieux était rendu à Dionysos.

Les Mystères étaient un ensemble de rites magiques, très secrets, en l'honneur d'un dieu ou d'une déesse. Fresque de Pompéi.

L'héritage d'Homère

Homère est un auteur très précieux pour notre connaissance de la mythologie. Ses deux poèmes, l'*Iliade* et l'*Odyssée*, très longs (des épopées) qui font intervenir des dieux dans les affaires des hommes, constituent l'œuvre la plus ancienne de la littérature grecque.
Homère a-t-il existé ? On se le demande aujourd'hui car nous ne connaissons rien de sûr à son propos. Les Anciens affirmaient qu'il avait vécu, vers 800 av J.-C., près de Smyrne, en Asie Mineure, et qu'après de longs voyages, devenu vieux et aveugle, il racontait les aventures de ses héros aux prises avec le destin en s'accompagnant de musique.
L'*Iliade* est le récit de la fin de la Guerre de Troie à travers les exploits d'Achille. L'*Odyssée* raconte le long et difficile retour vers sa patrie d'Ulysse, *Odysseus* en grec.

Homère racontant ses poèmes. Peinture de A. F. Boisselier (XIXe s.).

LES DIEUX romains

Les Romains n'ont pas créé de véritable mythologie : leurs légendes sont souvent les mêmes que celles des Grecs.

Apollon
Les Romains conservèrent son nom et ses qualités de guérisseur et de dieu solaire.

Bacchus : Dionysos.

Cérès : Déméter.

Cupidon : Éros.

Diane : Artémis.

Énée
Héros troyen, fils d'Anchise et d'Aphrodite, Énée était un demi-dieu. Après la chute de Troie, il s'enfuit de la ville en flammes, portant son vieux père Anchise sur ses épaules ainsi que son jeune fils, Ascagne, dans ses bras. Énée erra longtemps sur la mer à la recherche d'un rivage, quand une tempête rejeta ses navires sur la côte africaine. Il fut recueilli par Didon, la reine de Carthage. Énée lui fit le récit de ses mésaventures ; Didon tomba éperdument amoureuse du héros

Énée racontant à Didon la chute de Troie. Peinture de P. N. Guerin (XIXe s.).

La mort de Didon. Peinture de S. Bourdon (XVIIe s.).

troyen et devint sa maîtresse. Mais les dieux ne souhaitaient pas leur mariage. Zeus ordonna donc à Énée de gagner les rivages de la Sicile. Désespérée, Didon se poignarda au milieu des flammes d'un bûcher. Énée atteignit enfin la côte italienne, où Héra déchaîna contre lui et ses compagnons la haine des peuples de la région. Énée écrasa ses ennemis, épousa Lavinia, et fonda la race romaine.

Esculape : Asclépios.

Fama
Déesse romaine de la Rumeur : elle colportait les propos qu'on faisait courir sur autrui. Elle se déplaçait rapidement en volant et son corps était pourvu de mille yeux et de mille bouches. Elle vivait dans un palais de bronze, entourée de plusieurs divinités : la Crédulité, l'Erreur, les Faux Bruits, la Fausse Joie et la Terreur. C'est elle qui avertit Jupiter des amours de Didon et d'Énée, provoquant ainsi le départ du héros et le suicide de la reine de Carthage.

Fatum
C'était, à Rome, le dieu du Destin, du Sort décidé par les dieux, auquel nul ne peut échapper.

Flora
Flora était la divinité des fleurs et du printemps. Selon les Latins, ce fut grâce à elle que Junon enfanta le dieu Mars, et c'est pourquoi ils donnèrent son nom au premier mois du printemps, saison des fleurs.

Fortune
Les Romains redoutaient cette déesse qui avait tous les pouvoirs sur les hommes. Déesse de la chance et du hasard, elle pouvait leur offrir la richesse ou la pauvreté, la puissance ou la servitude.

"Faire contre mauvaise fortune, bon cœur" signifie se résigner.

Janus, le dieu aux deux visages. Sculpture romaine.

Faunus : Pan

Furies : Érinyes.

Grâces : Charites.

Hercule : Héraclès.

Janus
Janus possédait le don de la double science, celle du passé et celle du futur, ce qui explique pourquoi on le représente avec deux visages. On dit que le règne de Janus fut un âge d'or où régnaient parmi les hommes la paix, l'abondance et la justice. Car Janus instruisit les habitants de la région de Rome, qui ne connaissaient avant lui ni cités, ni lois, ni agriculture. Il leur apprit également l'usage de la monnaie et de la navigation. Une fois mort, il fut divinisé et devint le grand protecteur de la future Rome. On décida aussi que, lorsque Rome serait en guerre contre ses ennemis, on laisserait ouvertes les portes du temple de Janus, pour montrer que le dieu était parti combattre pour la cité. Si les portes étaient closes, cela voulait dire que le dieu était rentré au logis, et que la paix régnait sur l'empire.

Junon : Héra.

Jupiter : Zeus.

Lares
Ces dieux romains étaient chargés de veiller sur les maisons.

La louve, symbole de Rome, nourrissant les jumeaux Romulus et Rémus. Bronze étrusque du Ve s. av. J.-C.

Plus tard, des bergers recueillirent les jumeaux et les élevèrent. Devenu adulte, Romulus tua Amulius et remit son grand-père sur le trône. Puis, les jumeaux décidèrent de fonder une nouvelle ville. Pour choisir le site, ils s'installèrent sur deux collines proches : Rémus sur le mont Aventin et Romulus sur le mont Palatin. Puis, ils observèrent le vol des oiseaux, par lequel s'exprimait la volonté des dieux. Rémus vit six vautours, Romulus douze : il l'emporta donc et aussitôt traça une tranchée autour du Palatin, pour marquer l'enceinte sacrée de la future cité. Nul ne pouvait franchir cette limite. Mais Rémus, pour se moquer de son frère, franchit en sautant la tranchée. Alors Romulus le tua et devint le premier roi de Rome.

Mânes

Les Mânes étaient les génies protecteurs de la maison ; ils représentaient l'âme des morts qui avait habité autrefois la demeure. Les Romains leur rendaient un culte destiné à les empêcher de venir tourmenter les vivants. En les nommant Mânes, c'est-à-dire "Bienveillants", ils tentaient d'attirer sur eux leurs faveurs.

Mars : Arès.

Mercure : Hermès.

Minerve : Athéna.

Neptune : Poséidon.

Parques : Moires.

Pénates

Dieux domestiques, protecteurs du foyer.

Pluton : Hadès.

Romulus et Rémus

Descendante d'Énée, Rhéa Silvia était une vestale : elle n'avait ni le droit de se marier ni celui d'avoir des enfants. Mais le dieu Mars s'unit à elle dans son sommeil. Quand son oncle, Amulius, apprit que Rhéa Silvia était enceinte, il l'emprisonna puis fit déposer ses jumeaux, Romulus et Rémus, dans un panier sur le fleuve tout proche, le Tibre. Le panier échoua sur des rives boueuses et là, une louve les nourrit de son lait.

Saturne : Cronos.

Vénus : Aphrodite.

Vesta

C'est le nom latin de la déesse du foyer et de la patrie, Hestia. Elle est représentée par le feu. À Rome, des prêtresses spéciales, les Vestales, étaient chargées d'entretenir ce feu sacré dans son temple. Il ne devait jamais s'éteindre pour ne pas mettre en danger la survie de la cité. Les Vestales ne pouvaient pas se marier ni avoir des enfants sous peine d'être enterrées vivantes.

Vulcain : Héphaïstos

GLOSSAIRE

A

Achéron : fleuve des Enfers. Les morts le franchissaient sur la barque de Charon, moyennant une obole que l'on devait placer dans leur bouche. → 58

Achille : le grand héros grec de la guerre de Troie. Il est le modèle des guerriers qui préfèrent une mort héroïque au combat à une vie plus longue mais sans gloire. → 19, 33, 39, 42, 59, 74, 86-87, 89

Actéon : jeune chasseur qui surprit Artémis au bain. Furieuse, elle le métamorphosa en cerf... et il fut dévoré par ses chiens. → 45, 109

Adonis : jeune homme très beau qu'Aphrodite aima passionnément. → 51

Agamemnon : roi d'Argos, chef de l'armée grecque pendant la guerre de Troie. Membre de la famille des Atrides, il fut victime de la malédiction qui pesait sur cette famille. Il dut sacrifier sa fille Iphigénie et fut assassiné, à son retour de Troie, par sa femme Clytemnestre. → 42, 81-85, 87, 97

Ajax : deux héros grecs de la guerre de Troie portaient ce nom. Le petit Ajax, arrogant et vaniteux, déchaîna la colère d'Athéna contre les Grecs car il avait violé Cassandre dans son temple. Le grand Ajax fut le plus valeureux guerrier grec après Achille. Il sombra dans la folie quand les Grecs préférèrent donner les armes d'Achille à Ulysse. → 81, 83, 84, 87

Alcmène : mère d'Héraclès. → 20, 64

Amalthée : nourrice de Zeus.→ 19, 28

Amazones : peuple de femmes guerrières, descendant du dieu de la guerre Arès. Plusieurs héros sont liés aux Amazones : Héraclès, Thésée et Achille. → 44, 65, 86

Ambroisie : nourriture des dieux ; elle les rendait immortels. → 27

Amphitrite : épouse de Poséidon et reine des mers ; elle était la mère de Triton, qui soufflait pendant les tempêtes. → 12, 13, 36, 37

Andromaque : femme du héros troyen Hector et mère d'Astyanax. → 83, 84, 89

Andromède : Persée l'épousa après l'avoir délivrée d'un monstre marin. → 63

Antigone : fille d'Œdipe et de Jocaste. → 99

Aphrodite : déesse de l'Amour, de la Séduction et de la Beauté. Elle était la plus belle des déesses, née de l'écume de la mer. Vénus pour les Romains. → 18, 27, 39, **50-51**, 53, 81-84, 87, 104-106

Apollon : fils de Zeus et de Léto, frère jumeau d'Artémis. C'était le plus beau des dieux, le dieu du Soleil, de la Beauté et de la Musique. → 27, 29, 33, 36, 39, **40-41**, 43-44, 46, 82, 84, 86, 103, 108, 112, 114

Arès : dieu de la Guerre, fils de Zeus et d'Héra. Mars pour les Romains. → 20, 27, 47, 50, **52-53**, 82, 83, 87, 116

Aréthuse : nymphe transformée en fontaine par Artémis. → 14, 109

Argonautes : les 50 compagnons de Jason, partis avec lui à la conquête de la Toison d'or, sur le navire Argo. → 13, 69

Ariane : fille de Minos et de Pasiphaé. Par amour, elle aida Thésée à sortir du labyrinthe du Minotaure. Thésée l'abandonna sur l'île de Naxos. → 73

Artémis : déesse de la Chasse. Elle était la sœur d'Apollon. Diane chez les Romains. → 14, 18, 19, 27, 33, **39-40**, 42, **44-45**, 81, 82, 109, 114

Asclépios : fils d'Apollon ; c'était le dieu de la médecine. Esculape chez les Romains. Son symbole, un bâton entouré d'un serpent, est devenu le caducée des médecins. → 29, 41, 67, 74

Athéna : fille de Zeus et de sa première épouse Métis, la Sagesse. Elle est sortie tout armée de la tête de son père. Déesse de la Guerre, de l'Intelligence, des Arts et des Sciences, elle était la protectrice d'Athènes. Minerve chez les Romains. → 27, 37, 43, **48-49**, 52, 62, 69, 80-82, 84, 85, 116

Atlantide : île légendaire engloutie par les flots.

Atlas : ce Géant, frère de Prométhée, participa à la lutte contre Zeus, qui le condamna à porter la voûte céleste sur ses épaules. → 9

Atrides : famille frappée par la malédiction divine. Ses membres les plus célèbres sont les rois Agamemnon et Ménélas. → 96-97

B-C

Bacchantes : femmes accompagnant Dionysos. → 55

Bacchus : nom romain de Dionysos, le dieu de la Vigne et du Vin. → 17, 33, **54-55**, 114

Borée : dieu des vents du nord, fils d'un Titan et de Éos, l'Aurore. → 21

Calchas : devin de l'armée grecque pendant la guerre de Troie. Il était le petit-fils d'Apollon. → 42, 81, 82

Callisto : nymphe, compagne d'Artémis, séduite par Zeus. → 18, 33, 45

Calypso : nymphe, amoureuse d'Ulysse. → 16, 92

Cassandre : dernière fille du roi de Troie Priam. Apollon, amoureux d'elle, lui donna le don de prophétie mais comme elle s'était refusée à lui, il la condamna à ne jamais être crue. → 41, 43, 84, 85

Castor et Pollux : ces jumeaux sont aussi appelés les Dioscures. Pollux est le fils de Zeus et de Léda et Castor est le fils de Tyndare et de Léda. → 19, 30, 69

Centaures : montres mi-hommes mi-chevaux aux mœurs souvent brutales. → 74

Cerbère : ce chien à trois têtes était le gardien des Enfers. → 56, 66, 77, 107

Cérès : déesse romaine de l'agriculture et des moissons, correspondant à Déméter. → 7, 27, 29, **34- 35**, 57, 114

Champs Elysées : partie des Enfers réservée aux ombres des hommes vertueux. → 58

Chaos : vide immense qui a donné naissance à la Terre, au Ciel et aux premiers dieux. → 6

Charites : ces trois jeunes déesses répandaient la joie dans le Monde. Elles étaient filles de Zeus et d'Héra. Elles étaient appelées "Les Trois Grâces" par les Romains. → 27

Charon : le passeur des Enfers. → 56, 59

Charybde : monstre féminin qui engloutissait les navires entre l'Italie et la Sicile. Associée à un autre monstre, Scylla. → 37, 70, 74, 92

Chimère : monstre à tête de lion et queue de serpent. Elle fut tuée par Bellérophon, monté sur Pégase. → 76

Chiron : le plus connu des Centaures. Réputé pour sa science et sa sagesse, il fut chargé de l'éducation d'Achille et de nombreux héros. → 19, 23, 68, 74, 86

Circé : magicienne amoureuse d'Ulysse. → 70, 91

Clytemnestre : sœur d'Hélène et épouse d'Agamemnon. → 30, 82, 85, 97

Coré : fille de Déméter devenue reine des Enfers sous le nom de Perséphone. → 34, 35, 51, 57, 58, 107

Cronos : dernier des Titans. Ce fils d'Ouranos et de Gaia, fut le premier maître du Monde. Il dévora tous ses enfants, à l'exception de Zeus qui le détrôna. Saturne pour les Romains. → **7-9**, 20, 24, 28, 51, 116

Cupidon : dieu romain de l'Amour (Éros pour les Grecs). → 6, 18, 104, 105

Cybèle : déesse de la Nature et de la Fertilité. → 16

Cyclopes : géants monstrueux qui n'avaient qu'un seul œil au milieu du front. Les trois premiers, enfants d'Ouranos et de Gaia, donnèrent la foudre et les éclairs à Zeus, son casque à Hadès et son trident à Poséidon. D'autres Cyclopes vivaient dans des cavernes et élevaient des moutons, comme le géant Polyphème qu'Ulysse aveugla. → 6, 8, 36, 39, 41, 56, 91

D

Danaé : Zeus se métamorphosa en pluie d'or pour la séduire. Elle fut la mère de Persée. → 31

Danaïdes : les 50 filles du roi Danaos furent condamnées à remplir sans cesse, aux Enfers, un tonneau sans fond pour avoir assassiné leurs maris. → 103

Daphné : nymphe transformée en laurier pour échapper à Apollon. → 41, 108

Dédale : père d'Icare ; architecte du Labyrinthe où était enfermé le Minotaure. → 73

Déméter : déesse de la Nature et de la Fécondité. Mère de Coré-Perséphone. → 7, 27, 29, **34-35**, 57, 114

Diane : nom romain d'Artémis. → 14, 18, 19, 27, 33, **39-40**, 42, 44, 81, 82, 109, 114

Didon : reine de Carthage. Elle aima Énée, le héros troyen qui devait fonder Rome. Elle se suicida lors de son départ. → 114

Dionysos : dieu de la Vigne et du Vin. Fils de Zeus et de Sémélé, il n'était pas né dieu mais le devint. Bacchus pour les Romains. → 17, 33, **54-55**, 114

Dioscures : Castor et Pollux, fils de Zeus et de Léda, nés dans un œuf, comme leurs sœurs, Hélène et Clytemnestre. → 19, 30, 69

E

Égée : roi légendaire d'Athènes, père humain de Thésée. → 72, 73

Électre : fille d'Agamemnon et de Clytemnestre. Elle poussa son frère Oreste à poignarder leur mère, pour venger leur père. → 96-97

Énée : prince troyen, fils d'Anchise et d'Aphrodite. Il est l'ancêtre légendaire de Rome. → 42, 51, 84, 87, 114

Enfers : séjour des morts, de tous les morts, bons ou méchants. Les Enfers, où régnaient Hadès et Perséphone, étaient peuplés des ombres des vivants. Seuls les criminels, qui avaient osé défier les dieux, étaient châtiés. → 58-59

Éole : dieu des Vents. → 21

Éos : déesse de l'Aurore, sœur d'Hélios (le Soleil) et de Séléné (la Lune). → 10

Épiméthée : frère de Prométhée ; il créa les animaux et épousa Pandore, la première femme. → 9, 22

Érinyes : déesses du Châtiment, nées des gouttes de sang d'Ouranos tombées sur la terre. → 7, 25, 97

Éros : dans la mythologie grecque, il y a deux Éros, le premier est une des divinités à l'origine du monde. L'autre, fils d'Aphrodite, est le dieu de l'Amour, appelé Cupidon par les Romains. → 6, 18, 104, 105

Esculape : nom romain d'Asclépios. → 29, 41, 67, 74

Europe : jeune fille aimée de Zeus, qui se métamorphosa en taureau pour la séduire. De leur union naquit Minos. → 18, 30

Eurydice : épouse d'Orphée, qui tenta de la ramener des Enfers. → 107

G-H

Gaia : déesse personnifiant la Terre. → 6-8, 37, 48, 104

Ganymède : jeune prince troyen. Zeus, qui en était amoureux, l'enleva en se métamorphosant en aigle. → 19, 31

Géants : race monstrueuse née de Gaia et des gouttes du sang d'Ouranos tombées sur la terre. → 6, 8, 48, 64

Gorgones : ces trois monstres portaient la mort dans leurs yeux. Seule Méduse était mortelle. Persée lui coupa la tête → 62, 63, 75

Hadès : frère de Zeus et de Poséidon, il régnait sur les Enfers. Pluton chez les Romains. → 7, 27, 34, 35, **56-57**, 58, 107, 116

Harpies : ces monstres, mi-femmes mi-oiseaux, s'attaquaient aux humains qu'elles faisaient disparaître sans laisser de traces. → 75

Hécate : déesse de la Lune. → 11, 34

Hécatonchires : appelés aussi Cent-Bras, ces géants aux cinquante têtes et aux cent bras étaient nés d'Ouranos et de Gaia. → 7, 8

Hector : Fils de Priam et d'Hécube, il est le héros troyen par excellence. Il se couvrit de gloire lors de la guerre de Troie mais fut tué par Achille. → 82, 83, 86-89

Hécube : épouse de Priam, roi de Troie. Mère de nombreux enfants dont Hector, Pâris, Cassandre. → 80, 88, 89

Hélène : fille de Zeus et de Léda. Épouse du roi Ménélas, elle fut à l'origine de la guerre de Troie. → 30, 33, 80, 81, 83, 84

Hélios : le dieu du Soleil. → 10, 34, 92

Héphaïstos : dieu du Feu, des Volcans et des Forgerons. Fils d'Héra, il était laid et boiteux mais avait pour épouse Aphrodite. Il forgea les armes des dieux et modela la première femme, Pandore. Vulcain chez les Romains. → 27, **38-39**, 50, 53, 83

Héra : fille de Cronos et de Rhéa, sœur et dernière épouse de Zeus, elle était la déesse du Mariage. Junon chez les Romains. → 7, 18, 20, 27, 29, 31, **32-33**, 36, 38, 39, 42, 54, 64, 68, 80-82, 102

Héraclès : l'un des plus importants héros de la mythologie grecque, le héros aux douze travaux. Hercule chez les Romains. → 8, 15, 18, 20, 23, 33, 37, 39, 48, **64-66**, 74, 76, 77, 84

Hermès : dieu des Voyageurs. Fils de Zeus et d'une jeune nymphe, il était le messager des dieux. Mercure chez les Romains. → 8, 20, 27, **46-47**, 54, 91, 102, 116

Hestia : sœur de Zeus. Elle fut la dernière des enfants que Cronos avala et la première à réapparaître lorsqu'il les recracha. Elle était la déesse du foyer. Vesta chez les Romains. → 7, 27

Heures : ces trois filles de Zeus et de Thémis étaient les divinités des Saisons dont elles dirigeaient la réapparition régulière. Elles étaient les sœurs des Moires. → 27

I-J

L

M

Minerve : déesse romaine, correspondant à Athéna. → 27, 37, 43, **48-49**, 52, 62, 69, 80-82, 84, 85, 116

Minos : roi de Crète, fils de Zeus et d'Europe, père d'Ariane et de Phèdre. → 37, 65

Minotaure : monstre à corps d'homme et tête de taureau, enfermé dans le Labyrinthe. Thésée le tua avec l'aide d'Ariane. → 37, 72, 73

Moires : trois déesses sœurs, elles représentaient le destin des hommes. → 10, 25, 116

Morphée : dieu des Songes, fils d'Hypnos, le Sommeil, et de Nyx, la Nuit. → 11

Muses : ces neuf sœurs chantaient et dansaient pour les dieux de l'Olympe. Elles étaient filles de Zeus et de Mnémosyne, la Mémoire. → 27

N

Naïades : nymphes des eaux et des sources. → 13, 16

Narcisse : ce personnage, célèbre pour sa beauté, dédaignait tous ceux et celles qui l'aimaient. Il fut condamné à tomber amoureux de son propre reflet dans l'eau. → 14, 109

Némésis : divinité de la Vengeance divine. → 10, 23

Neptune : dieu romain de la Mer, correspondant à Poséidon. → 7, 12, 13, 27, 29, 34, **36-37**, 39, 49, 82, 85, 116

Nérée et Néréides : dieu de la Mer, dit "le vieillard de la Mer". Il gardait le troupeau de phoques de Poséidon. Père des 50 Néréides, les divinités qui personnifiaient les vagues ; les plus célèbres étaient Thétis, la mère d'Achille, et Amphitrite, l'épouse de Poséidon. → 12, 16

Nymphes : jeunes déesses ; filles de Zeus, elles animaient tous les lieux de la Nature, les eaux, les bois, les campagnes. → 16

Nyx : la Nuit ; elle était fille de Chaos et mère d'Hypnos (Sommeil) et de Thanatos (Mort). → 10, 25

O

Océan : grand fleuve circulaire entourant le Monde. C'était l'un des Titans, fils d'Ouranos et de Gaia. Il était le père de tous les fleuves. → 12, 14, 32

Œdipe : fils du roi de Thèbes, Laïos, et de son épouse, Jocaste. Il fut abandonné à sa naissance, sur une montagne, pour échapper à l'oracle qui disait qu'il tuerait son père et épouserait sa mère. Ce qu'il fit, sans le vouloir ni le savoir... → 42, 75, 98, 99

Olympe et Olympiens : montagne dont le sommet est habité par les 12 dieux olympiens. Ils formaient une famille dans laquelle on distingue deux générations : la première avec Zeus, ses deux frères, Poséidon et Hadès, et ses trois sœurs, Déméter, Hestia et Héra ; la seconde, née de Zeus : Arès, fils de Zeus et d'Héra, Apollon, Hermès et Artémis, enfants d'autres déesses, Athéna, Héphaïstos, fils d'Héra. S'y ajoutaient Aphrodite et Dionysos. → 9, **26-27**

Oreste : fils d'Agamemnon et de Clytemnestre. L'oracle d'Apollon lui annonça qu'il devait venger le meurtre de son père : guidé par sa sœur Électre, il tua leur mère. Protégé par Athéna, il fut sauvé de la folie et acquitté. Il épousa sa cousine Hermione, fille de Ménélas et d'Hélène. → 96-97

Orphée : fils d'une Muse, il charmait par ses chants et sa musique tous ceux qui l'approchaient, les hommes, les animaux et même les arbres et les rochers. Considéré comme l'inventeur de la lyre. Il participa à l'expédition des Argonautes. Il épousa la nymphe Eurydice qui mourut piquée par un serpent. Il descendit aux Enfers pour la rechercher... → 13, 70, 107

Ouranos : le Ciel, né de Gaia dont il devint l'époux. Il était le père des Titans, des Cyclopes et des Cent-Bras. Le dernier de ses enfants, Cronos, aida Gaia à se détacher de lui. Du sang d'Ouranos, tombé sur le sol, sont nés les Géants, les Érinyes et des nymphes. Des gouttes tombées dans la mer est née Aphrodite. → 6, 7, 48, 51

P-R

Pactole : grâce à Midas, cette rivière charriait des paillettes d'or. Elle fit la fortune du roi Crésus. → 15, 102

Pan : dieu des Bergers et des Troupeaux, il vivait dans la nature. Mi-homme, mi-bouc, il portait des cornes et ses pieds étaient fourchus. Il pourchassait les jeunes nymphes et faisait partie du cortège d'Apollon. Il inventa la flûte de Pan. → 17, 103

Pandore : la première femme. Zeus fit façonner par Héphaïstos une créature merveilleuse que les dieux parèrent de tous les dons. Mais Hermès mit aussi dans son cœur la fourberie... Comme l'Ève de la Bible, elle est responsable de la venue du mal sur la Terre. → 22, 38

Pâris : le plus jeune fils de Priam et d'Hécube. Il enleva Hélène grâce à l'aide d'Aphrodite, ce qui déclencha la guerre de Troie. → 33, 48, 80-84, 86

Parnasse : montagne près de Delphes où séjournaient Apollon et les Muses.

Parques : divinités romaines représentant le Destin, elles correspondent aux Moires grecques. Ces trois fileuses tissaient sans pitié le fil de la vie. La première sœur présidait à la naissance, la deuxième au mariage, la troisième à la mort. → 25, 116

Pasiphaé : fille d'Hélios, le Soleil, elle était la sœur de la magicienne Circé, l'épouse du roi de Crète Minos, la mère d'Ariane, de Phèdre et du Minotaure. → 37

Patrocle : l'inséparable ami d'Achille. Il fut tué pendant la guerre de Troie par Hector. → 81, 83, 86, 87

Pégase : cheval ailé, né du sang de Méduse. Grâce à lui Bellérophon put tuer la Chimère et vaincre les Amazones. Ayant rejoint l'Olympe, il devint le coursier de Zeus, chargé de porter la foudre divine. → 62, 77

Pénates : chez les Romains, dieux protecteurs du foyer. → 111, 116

Pénélope : épouse d'Ulysse et mère de Télémaque. Elle attendit fidèlement le retour de son époux. Pour échapper aux prétendants installés dans son palais, elle imagina une ruse : elle passait ses journées à son ouvrage et le défaisait pendant la nuit. → 90, 93

Penthésilée : reine des Amazones, fille du dieu Arès. Tuée par Achille pendant la guerre de Troie. → 86

Persée : un des principaux héros grecs ; fils de Zeus et de Danaé. Il réussit à couper la tête de Méduse et délivra Andromède qu'il épousa. → 31, 48, 62

Perséphone : aussi appelée Coré, elle était la fille de Zeus et de Déméter. Elle fut enlevée par Hadès et devint la reine des Enfers. Proserpine chez les Romains. → 35, 51, 57, 58, 107

Phaéton : fils d'Hélios, le Soleil. Il voulut conduire le char de son père et provoqua de telles catastrophes que Zeus le foudroya. → 11, 15

Phèdre : fille de Minos et de Pasiphaé, elle était la sœur d'Ariane et l'épouse de Thésée. Elle tomba éperdument amoureuse de son beau-fils Hippolyte. → 51, 73

Phénix : oiseau fabuleux qui ne pouvait pas se reproduire mais renaissait de ses cendres en se faisant lui même brûler sur un bûcher appelé immortalité. → 77

Philoctète : héros grec de la guerre de Troie, il reçut les armes d'Héraclès. Mordu par un serpent, il fut abandonné sur une île pendant toute la guerre, mais un devin ayant prédit que Troie ne pourrait être vaincue qu'avec les flèches d'Héraclès, Ulysse revint le chercher. C'est lui qui tua Pâris. → 84

Pléiades : sept déesses sœurs, filles d'Atlas, transformées en constellation. → 19

Pluton : dieu romain correspondant à Hadès. → 7, 27, 34, 35, **56-57**, 58, 107, 116

Pollux : un des Dioscures, fils de Zeus et de Léda. Il était immortel alors que son jumeau Castor ne l'était pas ; il décida de partager son immortalité avec lui. → 30

Polynice : fils d'Œdipe et de Jocaste, frère d'Étéocle, d'Antigone et d'Ismène. Après avoir chassé leur père, les deux frères décidèrent de régner en alternance, mais Étéocle refusa de céder le trône à Polynice. Ils se firent la guerre et s'entre-tuèrent. Créon, leur oncle, devenu roi de Thèbes refusa toute sépulture à Polynice le rebelle. Sa sœur Antigone brava l'interdit et alla répandre de la terre sur son cadavre. Pour cela elle fut condamnée à mort. → 99

Polyphème : Cyclope mangeur d'hommes. Fils de Poséidon, le dieu de la Mer, il vivait dans une grotte, près de l'Etna, et élevait des moutons. Ulysse, qui accosta sur son île, l'aveugla avec un pieu géant pendant son sommeil. → 37, 91

Poséidon : dieu de la Mer. Fils de Cronos et de Rhéa, il était le frère de Zeus. Pendant la guerre de Troie, il prit le parti des Grecs mais se déchaîna contre Ulysse qui avait crevé l'œil de son fils, le Cyclope Polyphème. Il vivait au fond de la mer et se déplaçait sur un char tiré par des animaux mi-chevaux, mi-serpents, escorté par les autres divinités marines : les belles Néréides, les Tritons, le vieux Protée et son troupeau de phoques. Son épouse légitime était la nymphe Amphitrite mais il eut beaucoup d'aventures et de nombreux enfants, souvent monstrueux. → 7, 12, 13, 27, 29, 34, **36-37**, 39, 49, 82, 85, 116

Priam : roi de Troie. Marié à Hécube. La légende leur attribue 50 fils, dont les plus célèbres sont Hector, l'aîné, et Pâris, le plus jeune, et 50 filles, dont la prophétesse Cassandre. Déjà très vieux pendant la guerre de Troie, il vit périr tous ses fils. Pendant l'incendie de Troie, il fut égorgé par Néoptolème, le fils d'Achille. → 43, 80, 83, 84, 88, 89

Procuste : célèbre brigand qui torturait ses victimes sur des lits, soit trop grands soit trop petits. → 100

Prométhée : fils du Titan Japet, frère d'Épiméthée et d'Atlas. Il fut le bienfaiteur des hommes, osant s'opposer à Zeus qui se comportait comme un tyran cruel. Pour le punir, Zeus l'enchaîna à une montagne où un aigle lui dévorait le foie. Héraclès le délivra. → 9, **22-23**

Proserpine : déesse romaine des Enfers, correspondant à Perséphone. → 34, 35, 51, 57, 58, 107

Protée : dieu marin, fils de Poséidon. Il avait le pouvoir de prendre n'importe quelle forme et possédait le don de prophétie. → 12

Psyché : jeune fille très belle, aimée par Éros. Elle fut persécutée par Aphrodite. → 105

Pygmalion : sculpteur qui tomba amoureux d'une statue qu'il avait sculptée. Aphrodite, émue, insuffla la vie à la statue et Pygmalion l'épousa.→ 106

Pyrame et Thisbé : jeunes héros d'une des grandes histoires d'amour malheureuses de la mythologie grecque. → 106

Pythie : prophétesse d'Apollon qui rendait des oracles difficiles à interpréter. → 43

Python : monstre né de Gaia. Apollon le tua de ses flèches. → 41

Rhéa : Titanide, fille d'Ouranos et de Gaia, sœur et épouse de Cronos, elle réussit à le tromper et à sauver son dernier né Zeus. → 7, 28, 32

S

Saturne : dieu romain correspondant à Cronos. → **7-9**, 20, 24, 28, 51, 116

Satyres : démons de la nature, mi-hommes, mi-bêtes, ils avaient de petites cornes, des oreilles pointues, une longue queue et des pieds de bouc. Ils faisaient partie du cortège de Dionysos. → 17

Séléné : déesse de la Lune, sœur d'Hélios, le Soleil. → 11

Sémélé : mère de Dionysos.→ 33, 54, 55

Sibylle : prophétesse inspirée par Apollon ; elle était chargée de faire connaître ses oracles.→ 42, 111

Silène : dieu des Sources et des Ruisseaux, fils de Pan et père des Satyres. Il recueillit le petit Dionysos. Il faisait partie de son cortège. → 17, 54, 55

Sirènes : monstres marins à tête de femme et corps d'oiseau. Elles ensorcelaient les marins avec leur chant merveilleux et les précipitaient sur les récifs pour les dévorer. → 13, 36, 70, 92

Sisyphe : fils d'Éole, il était réputé pour son intelligence rusée. Il fut condamné pour ses crimes à faire rouler sur le flanc d'une montagne un rocher qui retombait toujours avant d'avoir atteint le sommet. → 29, 100

Sphinx ou sphinge : monstre féminin à corps de lion et buste de femme, avec des ailes. Envoyée par Héra sur la route de Thèbes pour punir son roi, elle tuait tous ceux qui ne pouvaient pas résoudre l'énigme dont seul Œdipe trouva la solution. → 75, 98

Styx : fleuve des Enfers. → 59, 86

T-Z

Tantale : fils de Zeus. Les dieux l'accueillaient volontiers à leur table. Il leur servit son propre fils en ragoût... Pour ce crime abominable, il fut condamné à une soif et une faim éternelles. Son sacrilège est à l'origine de la malédiction qui frappa sa descendance, la famille des Atrides. → 96, 101

Tartare : région au fond des Enfers où étaient enfermés les dieux vaincus et les morts qui avaient offensé les dieux. → 58, 100

Télémaque : fils d'Ulysse et de Pénélope ; il était encore bébé quand son père partit pour la guerre de Troie. → 90

Téthys : fille d'Ouranos et de Gaia, épouse d'Océan, elle était la mère de tous les fleuves. Il ne faut pas la confondre avec la Néréide Thétis, la mère d'Achille. → 12, 14, 32, 38

Thanatos : personnification de la Mort ; fils d'Érèbe, les Ténèbres des Enfers, et de Nyx, la Nuit, il avait pour jumeau Hypnos, le Sommeil. → 10, 25, 100

Thémis : déesse de l'Ordre et de la Justice, fille d'Ouranos et de Gaia, elle faisait partie de la génération des Titans qui précéda celle des dieux de l'Olympe. Seconde épouse de Zeus, elle lui a donné plusieurs enfants dont les trois Moires et les trois Heures. → 19, 25, 29

Thésée : roi légendaire et grand héros de l'Attique. Son père humain était le roi d'Athènes Égée, son père divin Poséidon. Son exploit le plus célèbre est d'avoir tué le Minotaure, avec l'aide d'Ariane. Il épousa une des Amazones dont il eut un fils, Hippolyte, puis Phèdre, la sœur d'Ariane. → 72, 73

Thétis : une des Néréides, elle fut la mère d'Achille.→ 12, 59, 80, 86

Tirésias : célèbre devin aveugle de Thèbes. Il eut une vie exceptionnellement longue et fut transformé en femme une partie de sa vie. Devin de Thèbes, c'est lui qui révéla à Œdipe le mystère de sa naissance. → 33, 42, 91, 99

Titans et Titanides : les six fils et les six filles d'Ouranos et de Gaia. Ils furent les premiers à régner sur le Monde. Ils s'unirent entre eux pour donner naissance à de nombreuses divinités. Le plus jeune d'entre eux, Cronos, détrôna son père Ouranos mais fut à son tour remplacé par son fils, Zeus. Il s'ensuivit une longue lutte entre les Titans et les futurs Olympiens qui s'acheva par la victoire définitive de Zeus et des dieux de l'Olympe. Les Titans furent alors emprisonnés dans le Tartare pour l'éternité. → 6, 8, 14, 21

Toison d'or : toison merveilleuse d'un bélier ailé, gardée par un dragon. Pour la conquérir, Jason organisa l'expédition des Argonautes. → 68-71

Typhon : géant monstrueux que Gaia enfanta pour venger les Titans après leur défaite contre les dieux de l'Olympe. Zeus le foudroya. → 8, 47

Ulysse : roi légendaire d'Ithaque, héros de la guerre de Troie. Il était le fils de Laërte, l'époux de Pénélope, le père de Télémaque. Son long voyage de retour vers son île, après la chute de Troie, est raconté dans *L'Odyssée*. → 13, 16, 21, 36, 42, 81, 84, 85, 87, **90-93**

Vénus : déesse romaine de la Beauté, correspondant à Aphrodite. → 18, 27, 39, **50-51**, 53, 81-84, 87, 104-106

Vesta : déesse romaine de la maison, correspondant à Hestia. Les Vestales étaient ses prêtresses. → 7, 27, 111, 115

Vulcain : dieu romain du feu, correspondant à Héphaïstos. → 27, **38-39**, 50, 53, 83

Zéphyr : dieu du Vent d'ouest, qui annonçait l'arrivée du printemps. C'est lui qui emporta Psyché dans le palais d'Éros. → 21, 51

Zeus : le dieu suprême, "père des dieux et des hommes". Vainqueur des Titans et des monstres qui menaçaient l'ordre du monde, il était le dieu du Ciel, de la Lumière, du Temps et des Saisons, mais aussi celui qui faisait régner l'ordre et la justice. → 7-9, 18-20, 22-25, 27, **28-29**, 30-42, 47-48, 54, 57, 64, 81-82, 92, 102

CRÉDIT

Illustration de couverture : Alain Boyer.

Photographies :

p. 6 : RMN/H. Lewandowski (reprise p. 2) ; p. 7 : hd : Dagli Orti/Musée du Prado, Madrid ; b : Erich Lessing/AKG Paris ; p. 8 : RMN/ H. Lewandowski (reprise p. 4-5) ; p. 10 : hg : RMN, md : The Bridgeman Art Library ; p. 11 : h : Cussac/Musée royaux des Beaux-Arts de Belgique, bg : : The Bridgeman Art Library (reprise p. 2), md : The Bridgeman Art Library ; p. 12 : Gilles Mermet/AkG Paris ; p. 13 : h : The Bridgeman Art Library , bg : RMN/H. Lewandowski, bd : Jürgen Sorges/AkG Paris ; p. 14 : hg : Gérard Blot/RMN, d : S. Domingie-M.Rabatti/AKG Paris ; p. 15 : hd : British Museum/Archives Larbor, b : Gérard Blot/RMN ; p. 16 : hd : RMN/ H. Lewandowski ; p. 16-17 : Dagli Orti ; p. 17 : The Bridgeman Art Library ; p. 18 : bd : Dagli Orti ; p. 19 : hd : Dagli Orti ; p. 20 : h : The Bridgeman Art Library ; p. 21 : m : Erich Lessing/AKG Paris, md : RMN ; p. 22 : The Bridgeman Art Library ; p. 23 : g : The Bridgeman Art Library, hd : Cameraphoto/AKG, Paris ; p. 25 : hd : AKG Paris, m : RMN ; p. 26 : Dagli Orti (reprise p. 29 bd) ; p. 27 : RMN/ H. Lewandowski ; p. 28 : Popovitch/RMN ; p. 30 : bg : The Bridgeman Art Library, md : R.G.Ojeda/RMN ; p. 31 : h : RMN, mg : RMN/ H. Lewandowski, bd : The Bridgeman Art Library ; p. 32 : The Bridgeman Art Library ; p. 32-33 : Dagli Orti ; p. 34 : Archives Larbor ; p. 35 : hg : Dagli Orti, bd : The Bridgeman Art Library ; p. 36 : bg : Dagli Orti ; p. 36-37 : Archives Larbor ; p. 37 : h : RMN/H. Lewandowski ; p. 38 : The Bridgeman Art Library ; p. 39 The Bridgeman Art Library ; p. 40 : g : R.G. Ojeda/RMN ; p. 40-41 : The Bridgeman Art Library , bd : RMN/Arnaudet ; p. 42 : hg : Erich Lessing/AKG Paris, bg : The Bridgeman Art Library (reprise p. 3) ; p. 43 : mg : The Bridgeman Art Library, bd : Mario Carrieri/Archives Larbor ; p. 44 : R. Handrick/Stiftung Preussische Schlosser und Garten, Berlin ; p. 44-45 : RMN/ H. Lewandowski ; p. 46-47 : Hubert Josse/Archives Larbor ; p. 48 : RMN/ H. Lewandowski ; p. 49 : h : Joachim Blauel/Artothek, b : Dagli Orti ; p. 50 : RMN/ H. Lewandowski ; p. 50-51 : Archives Larbor ; p. 51 : Dagli Orti (reprise p. 21 bg) ; p. 52 : hg : The Bridgeman Art Library, bd : The Bridgeman Art Library ; p. 53 : bd : Dagli Orti ; p. 54 : hg : Anderson-Giraudon (reprise p. 2) ; p. 54-55 : Artephot/A. Held ; p. 55 : hg : Dagli Orti ; p. 56 : Arch. Nathan ; p. 57 : H. Josse/Archives Larbor ; p. 58 : The Bridgeman Art Library ; p. 59 Dagli Orti ; p. 62 : bg : RMN/Gérard Blot ; p. 63 : g : Scala/Archives Larbor (reprise p. 2), bd : RMN/Arnaudet ; p. 64 : hg : The Bridgeman Art Library, hd : Dagli Orti ; p. 67 : b : RMN/Gérard Blot, d : RMN/ H. Lewandowski ; p. 68 : bg : Musées du Vatican/Archives Larbor ; hd : Dagli Orti ; p. 70 : hd : The Bridgeman Art Library ; b : Collection Christophe L. ; p. 71 : RMN/P. Bernard ; p. 72 : h : The Bridgeman Art Library (reprise p. 3) ; p. 72-73 : Dagli Orti ; p. 73 : h : Dagli Orti ; p. 74 : bg : RMN/Guy Vivien (reprise p. 60-61); p. 75 : mg : The Bridgeman Art Library, hd : The Bridgeman Art Library, bd : RMN/Gérard Blot (reprise p. 3) ; p. 76 : h : Archives Larbor (reprise p. 2), md : Archives Larbor ; p. 77 : hg : RMN/Gérard Blot, md : RMN/J. Schorman, bd : H. Josse/Archives Larbor; p. 80 : hg : The Bridgeman Art Library , b : The Bridgeman Art Library ; p. 81 : hd : Dagli Orti, bd : Dagli Orti ; p. 82 : h : The Bridgeman Art Library (reprise p. 83 bd) ; p. 83 : hd : The Bridgeman Art Library ; p. 84 : The Bridgeman Art Library (reprise p. 2) ; p. 85 : The Bridgeman Art Library ; p. 86 : g : The Bridgeman Art Library ; hd : Musée Boymans Van Beuningen, Rotterdam ; p. 87 : bg : RMN/Gérard Blot, hm : The Bridgeman Art Library ; p. 88 : hg : RMN/H. Lewandowski, bd : The Bridgeman Art Library ; p. 89 : hg : Archives Nathan (reprise p. 78-79), bm : The Bridgeman Art Library ; p. 90 : hg : Archives Larbor/Musée du Bardo, Tunis ; p. 90-91 : AKG Paris ; p. 91 : The Bridgeman Art Library ; p. 92 : h : The Bridgeman Art Library , b : The Bridgeman Art Library ; p. 93 : RMN/Arnaudet ; p. 96-97 : RMN/R.G. Ojeda ; p. 97 : b : Alinari-Giraudon ; p. 98 : Archives Nathan/Musée du Louvre, Paris ; p. 99 : h : The Bridgeman Art Library , bd : The Bridgeman Art Library ; p. 100 : Erich Lessing/AKG Paris ; p. 101 : The Stapleton Collection/The Bridgeman Art Library ; p. 102 : The Stapleton Collection/The Bridgeman Art Library ; p. 103 : The Bridgeman Art Library ; p. 104 : The Bridgeman Art Library ; p. 104-105 : The Bridgeman Art Library (reprise p. 94-95) ; p 105 : RMN/C. Jean ; p. 106 : hg : RMN/R. G. Ojeda ; p. 107 : h : Giraudon, mg : The Bridgeman Art Library , bd : The Bridgeman Art Library ; p. 108 : Dagli Orti ; p. 109 : hg : The Bridgeman Art Library, hd : The Bridgeman Art Library, b : The Bridgeman Art Library ; p. 110 : hg : RMN, bd : RMN/Chuzeville ; p. 111 : h : The Bridgeman Art Library, bg : RMN/H. Lewandowski ; p. 112 : g : John Hios/AKG Paris, h : RMN/Bulloz, md : RMN/H. Lewandowski ; p 112-113 : The Bridgeman Art Library ; p. 113 : hg : Erich Lessing/AKG Paris, bg : AKG Paris, mb : Dagli Orti, bd : Jean-Loup Charmet/Explorer Archives ; p. 114 : bg : The Bridgeman Art Library, bd : The Bridgeman Art Library ; p. 115 : h : Scala, b : RMN/H. Lewandowski ; p. 116 : Dagli Orti.

Imprimé en Espagne par Graficas Estella, Espagne.
Dépôt légal : septembre 2002
306425 - 05/11033731 - septembre 2016